LUDGER FISCHER **MANN KOCHT!**

Weitere Titel des Autors:

Kleines Lexikon der Küchenirrtümer
Noch mehr Küchenirrtümer
Küchenirrtümer (Audiobook)

LUDGER FISCHER

MANN KOCHT!

Irrtümer, Vorurteile und Halbwahrheiten
über Kerle am Herd

Abbildungsnachweis: Sämtliche Abbildungen aus dem Katalog »Illustriertes Preis-Buch für Blech-, Metall- & Lackirwaren von Albert Frank, Lampen- und Metallwaren-Fabrik«, München 1903.

FSC www.fsc.org
MIX
Papier aus verantwortungsvollen Quellen
FSC® C006701

Dieser Titel ist auch als E-Book erschienen

Eichborn Verlag in der Bastei Lübbe GmbH & Co. KG

Originalausgabe

Lektorat: Dr. Barbara Werner van Benthem, Stuttgart
Umschlaggestaltung: Rolf Hörner, Bergisch Gladbach
Einband-/Umschlagmotiv: Shutterstock/Madlen; Shutterstock wacpan
Satz: Greiner & Reichel, Köln
Gesetzt aus der Minion Pro
Druck und Einband: CPI – Ebner & Spiegel, Ulm

Printed in Germany
ISBN 978-3-8479-0510-3

5 4 3 2 1

Sie finden uns im Internet unter www.eichborn.de
Bitte beachten Sie auch www.luebbe.de

Inhalt

Männer von feministischen Filmtheoretikerinnen können gut kochen

Dies ist die Einleitung, wirklich!

»Als Hobbykoch kochen Sie wahrscheinlich selbst ganz gut, Herr Fischer?« »Geht so«, antworte ich dann, und die Leute, die mich fragen, halten das für charmantes Understatement. Sollen sie. Ich hab's aufgegeben, zu erklären, dass ich *kein* Hobbykoch bin, weil sich Hobbyköche alle erdenkliche Mühe geben zu glänzen und ich einfach nur täglich koche, privat und für zwei bis drei Personen. Das glaubt mir kein Mensch. Küchenchef? Ja. Hobbykoch? Ja. Alltagskoch? Diese Rolle ist für mich als Mann nicht vorgesehen. Dem Kochen für die Familie wird weniger Wert beigemessen als dem zum Gelderwerb, oder, wie es britische Soziologen ausdrückten: »Effectively, women are cooks whereas men are chefs.«[1]

Ein Mann, der täglich kocht und daraus (hoffe ich) keine große Show macht, ist selten. Schon eher gibt es Männer feministischer Filmtheoretikerinnen, die ihrer Frau durch die Übernahme einer klassischen Frauenrolle eins auswischen wollen.

Kochen gehört in allen Gesellschaften zu den geschlechtsspezifischen Aufgaben von Frauen. Der Soziologe Pierre Bourdieu hätte gesagt, es sei Teil ihres Habitus, und der ist »geronnene Lebensgeschichte«, verinnerlicht und lässt sich, wenn überhaupt, nicht leicht ändern. Falls also Männer kochen, darf das ihren gesellschaftlichen Status nicht gefährden. Sie müssen es sich bei ihrer Stellung leisten können, und das können nur Männer mit einem hohen gesellschaftlichen Status. Deshalb findet man in Kochklubs auch vorwiegend Männer mit prestigeträchtigen Berufen.

Keines der bisher erschienenen Bücher zu kochenden Männern beschreibt das Thema aus der Perspektive eines Alltagskochs. Deswegen werde ich das übernehmen. Klischees über kochende Männer muss ich dabei teilweise zerstören, andere leider bestätigen.

Tücherleiste, Weichholz, gelb lackirt mit vier Porzellanschildern u. Messinghaken.
Männer können nicht nur im Tohuwabohu der Theorien, sondern auch in der Küche leicht den Überblick verlieren. Deshalb sind Beschriftungen hilfreich, für Handtücher, Tellertücher, Gläsertücher und Messertücher.

Im *Kleinen Lexikon der Küchenirrtümer*[2] hatte ich behauptet, nicht ein einziges Kochbuch zu besitzen. Damals stimmte das noch. Mittlerweile sammelt sich einiges auf meinem Bücherstapel an, schon allein aus Neugierde, was da so alles erscheint. Einen Weg ins Regal finden Kochbücher allerdings bei mir immer noch nicht. Jedes Mal denke ich: »So ein Mist!«, und nehme mir vor, demnächst auf diese Sorte Anregung zum Schreiben zu verzichten. Anregungen zum Kochen finde ich darin sowieso nicht. Deshalb finden Sie auch in diesem Buch garantiert wieder kein Rezept. Wenn Sie ein Rezept brauchen, gehen Sie bitte zum Arzt.

Aber wozu brauchen Männer überhaupt Rezepte? Sie

sind Naturtalente, Könige der Kochkunst. So jedenfalls gebärden sie sich in Gegenwart ihrer Frauen, die, natürlich, ganz anders darüber denken. Frauen werden durch das Aufschneider-Gebrutzel ihres jeweiligen Kerls unverhohlen aufgefordert, Begeisterung zu heucheln: »Ist doch mal was ganz anderes, Schatz, findest du nicht?« Sie schaltet daraufhin die Leuchteaugen an, weil sie genau weiß, was er von ihr erwartet, und tut ihm den Gefallen, seinen Papp mit Kennermiene zu degustieren. Täte sie das nicht, würde er wenigstens eine Woche lang schmollen und sich eine modische Krankheit zulegen: Maushand, nervöses Husten, Nagelpilz, so etwas. Und welche Frau will das schon? Da lügt sie doch lieber lautlos, schließt genießerisch die Augen und erklärt: »Ich liebe dich!« Der Beweis für meine Behauptung, dass Frauen ihren kochenden Männern die Begeisterung für deren Geköchel bloß vorgaukeln, ist einfach: Frauen, die behaupten, sie sagten immer genau das, was sie meinten (schön dumm!), haben keine Männer, die kochen, meistens nicht einmal einen, der nicht kocht.

Ausgangspunkt für dieses Buch waren Klischees und feste Rollenbilder. Deren Tauglichkeit zum Erfassen der Wirklichkeit wollte ich überprüfen. Das System ist einfach: Einzelfallbeobachtungen werden verallgemeinert, Verallgemeinerungen an Einzelfällen überprüft. Dabei kommt kein abschließendes Urteil zustande, vielleicht aber ausreichend Verunsicherung.

Natürlich, das gebe ich gerne zu, könnte ich auch die spezifischen Kochmethoden und -allüren von großen und kleinen Menschen, Dicken und Dünnen, Blonden und Schwarzhaarigen erforschen, aber mal ehrlich:

Ein Unterschied im Kochverhalten von Männern und Frauen ist doch wirklich nicht an den Haaren herbeigezogen.

Übrigens: Die Behauptung mit den gut kochenden Männern feministischer Filmtheoretikerinnen halten Sie wahrscheinlich für übertrieben, nicht belegbar, völligen Blödsinn. Ich kann aber belegen, dass sie stimmt. Die Sache ist nämlich so: Die Uli, eine Frau aus Köln, die »was mit Medien« macht und deren Name immer mit »die« eingeleitet wird, kennt eine Frau, die laut der Uli feministische Filmtheorie betreibt. Ich habe vorsichtshalber nicht nachgefragt, ob sie feministische Filmtheorie betreibe oder als Feministin Filmtheorie. Die Uli hätte glatt gefragt, wo denn da der Unterschied sei und mich damit völlig vom Thema abgebracht. Der Mann dieser Filmtheoretikerin, triumphierte die Uli, koche, »und zwar gut«. Sie hielt das nicht für selbstverständlich.

Jetzt wundern Sie sich vielleicht darüber, was ich für seltsame Leute kenne, aber haben wir nicht alle eine Feministin im Bekanntenkreis, die Filmtheorie betreibt?

Alles, was mir zu dem Feministinnenmann einfiel, war: »Schön.« Die Uli hielt mich für einsilbig. Sie hatte von mir wohl etwas mehr Begeisterung erwartet. Wenn es, dachte ich mir, auch im Umfeld von Filmtheoretikerinnen und Menschen, die »was mit Medien« machen, hervorgehoben wird, wenn ein Mann kocht, dann scheint es sich dabei nicht um eine Kulturtechnik zu handeln, die von Männern allgemein erwartet wird, wie Glühbirnenwechseln und Mal-nach-dem-Ölstand-gucken. Ich habe einmal einen VW-Käfer-Motor ruiniert, weil ich nicht wusste, dass die Kontrollleuchte, die zuerst flackerte und dann dauerhaft leuchtete, mich zum Auffüllen des Motoröls auffordern sollte. Jetzt bin ich schlauer und kontrolliere den Ölstand unseres Autos freiwillig und regelmäßig, vielleicht zu regelmäßig. Das wird so von mir erwartet. Das gehört zu meiner Rolle.

Kochen, tagtägliches Kochen, was ich im Gegensatz zum Ölstandkontrollieren sehr gerne mache, gehört nicht zu meiner von der Gesellschaft erwarteten Rolle. Ich tu's trotzdem, aber darf ich mich deswegen schon als Nonkonformisten brüsten?

Anerkennungsrituale

Eine Methode, die Männer gern praktizieren, um Anerkennung für ihr Gebrutzel zu erheischen: Sie schreiben ein Buch. Michael Harles hat das zum Beispiel getan und er behauptet, Männer, die kochen (so wie er), seien unwiderstehlich.[3] Er wird's wohl wissen und die entsprechenden Erfahrungen gemacht haben. Weitere Erfahrungsberichte kochender Männer zerpflücke ich weiter hinten im Literaturüberblick.

Buchautor einer ganz eigenen Liga ist Mister Nathan Myhrvold. Er gab sechs Millionen Dollar aus, um das ultimative Kochbuch zu schreiben.[4] Ein typischer Männerkocher. Das Buch wirkt wie das *Opus magnum* zur Selbstverwirklichung eines Food-Fotografen. Die hübschen Schnitte durch Kochtöpfe und Grillkugeln scheinen zu zeigen, was »wirklich« beim Kochen passiert, die

Physik und die Chemie beim Kochen und Grillen. Das tun sie natürlich nicht, aber die Bilder sind suggestiv und hübsch arrangiert. Der Trick ist nämlich, dass sie nicht mit einer Bildbearbeitungssoftware hergestellt wurden, sondern mit durchgeschnittenen Töpfen und Öfen. Alles echt. Die Schnittfläche wurde manchmal mit Glas verklebt, manchmal offen gelassen. Mit Hochgeschwindigkeitskameras wurde dann fotografiert, was angeblich in einem Wok so abgeht, in einem normalerweise geschlossenen Topf oder auf einem Grill. Das mit dem ultimativen Kochbuch ist ja so eine Sache: Kaum ist es gedruckt, kommen Kritiker und behaupten: »Na, so toll ist es nun auch nicht.« Ich

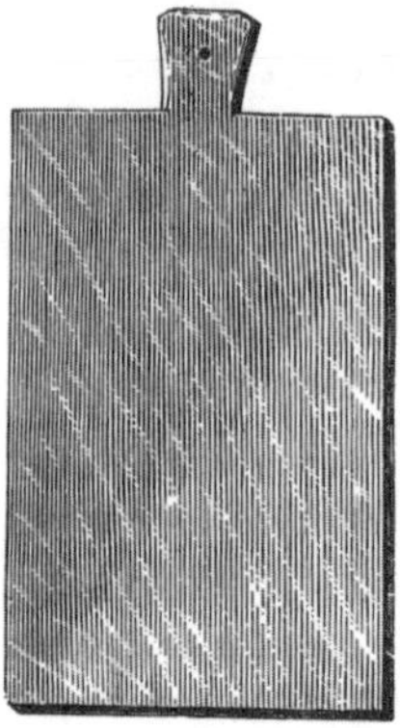

Fleisch- oder Küchenbrett, Buchen, matt, mit Griff.
Ein unbedingt notwendiges Utensil zum Aufschneiden. Nehmen Sie so ein Buchenbrett, wenn Ihnen zum Aufschneiden keine Zeitschrift, keine Porsche-Küche und kein Millionärsstammtisch zur Verfügung steht.

schließe mich deren Urteil an. Der Barbecue-Weltmeister Nathan Myhrvold wird es verkraften. Wie wird man eigentlich Barbecue-Weltmeister?

Noch viel besser, als ein Buch zu schreiben: Man gründet eine Zeitschrift. Da hat man länger was davon! Jan Spielhagen hat das gemacht, *BEEF!* (inklusive Ausrufezeichen) genannt und sich damit viel Anerkennung bei Aufschneidertypen geschaffen. Seit Oktober 2009 gibt es diesen Versuch, eine Männer-Kochzeitschrift zu etablieren. Es ist ein Lebensmittel- und Lifestyle-Magazin »für Männer mit Geschmack«, wahrscheinlicher aber für Männer, die mit ihrem guten Geschmack angeben. Die Zeitschrift will, so absichtserklärt es Chefredakteur Jan Spielhagen, Männern Selbstbewusstsein beim Kochen verschaffen. Das ist mutig, das ist allzeit zu unterstützen. Dabei wendet sich die Zeitschrift in Text und Gestaltung aber ausdrücklich an Männer, die vor Selbstbewusstsein kaum noch gehen können, Alphatierchen mit Führungsanspruch, Männchen, die denken, Selbstzweifel seien eine psychische Störung. Wahrscheinlich haben gerade die es nötig, ihr Aufschneidervokabular aufzufüllen. *BEEF!* wird nicht auf Tiefdruckpapier gedruckt, wie die ganzen Frauen-Kochblättchen, sondern hat ein hochwertiges Klappcover, im Heft 90 Gramm matt bedrucktes Papier und eine Strecke auf besonderem Werkdruckpapier.

Suuuuper! »Männer kochen anders«, behauptet der Chefredakteur, »lustbetont, sinnlich und wenig praktisch. Bei uns stehen Event-Charakter und Geselligkeit im Vordergrund.« Und außerdem: »*BEEF!* entspricht der männlichen Freude am Superlativ. Kompliziert, teuer, das Beste, das Kleinste, das Seltenste – solche Rezepte, Zutaten und Storys haben wir für das Magazin gesucht, gefunden und beschrieben.«

Als Quelle, Beleg, Beweis, Anschauungsobjekt dafür, was Männer unter Kochen verstehen, ist die Zeitschrift Gold wert. Die Redaktion dieser Nischenzeitschrift geht offensichtlich davon aus, dass Männer gerne lesen, dass sie richtige Idioten sind, korrigiere: seien. Das Blättchen wird mit einem Konzept gedruckt, das man in den eigenen Reihen »Man-Appeal« nennt. Obacht, ihr Frauen! Nicht verschämt in *Men's Health* blättern, gleich

BEEF! ansehen und mit nackten Tatsachen konfrontiert werden! Irgendein Autor kümmerte sich darin einmal um die Frage aller Fragen: »Kann man eine Frau ins Bett kochen?« Der zehnseitige Centerfold zeigte nicht etwa nacktes Fleisch, sondern einen »Menüplaner für einen Abend mit den Best Buddies«. Eine Werbekampagne für 1,76 Millionen Euro zur Einführung von *BEEF!* muss auch erst einmal wieder hereinkommen.[5] Von der ersten Auflage (115 000 Exemplare) wurden laut Verlag immerhin 53 000 verkauft.

Das Macho-Konzept gibt Chefredakteur Spielhagen leichtfertig preis: »Ein Magazin für Männer, die kochen. Eines, das ins Detail geht und mehr bietet als 25 Nudelrezepte, die Kinder mögen. Weil wir es gar nicht leicht wollen, sondern schwierig. Weil Nudeln langweilig sind, wenn man sie nicht selber macht. Weil Kinder beim Männerkochen nichts zu suchen haben. Weil wir nicht 25 Mal im Monat kochen, sondern viermal im Jahr. Dafür wollen wir mehr wissen über den Druck in der Espressomaschine, die Fütterungsmethode bei mecklenburgischen Bisons, den Schärfegrad japanischer Messer, den Weltmarkt für Thunfisch, das Bamberger Hörnchen und die neue Porsche-Küche. Zum Glück gibt es jetzt so ein Magazin. Zum Glück gibt es jetzt *BEEF!*.« Danke, Herr Spielhagen!

In den Rezepten dieses Magazins wird andauernd Grobsalz, Meersalz oder gar Fleur de Sel empfohlen. Das verwenden doch nur Leute, die nicht wissen, dass Kochsalz Natriumchlorid und Natriumchlorid Kochsalz ist. Das ganze Heftchen ist gedacht für Dünnbrettbohrer mit ganz viel Geltungsbewusstsein. Die Zeitschrift wird, das prophezeie ich, floppen, trotz des erwähnten 1,76-Millionen-Werbeaufwands.[6] Möglicherweise wird es dazu einige Jahre brauchen. Doch dann wird bewiesen sein, dass das Männer-Koch-Klischee einfach ein Klischee ist. Herrlich! Bei näherem Hinsehen stellt sich *BEEF!* sowieso als Bestellkatalog für die Zutaten der Rezepte heraus, die darin beschrieben werden. Ich werde mich hüten, in dieser Praxis den Untergang der freien Presse zu sehen. So viel (schon viel zu viel) zu dieser Männer-Kochzeitschrift.

Das Wirksamste, was man als Hobbykoch auf der Suche nach Anerkennung machen kann: Man verkauft, wie Vijay Sapre, sein Internetportal (bei ihm war's mobile.de), kriegt dafür 120 Millionen Euro, kauft sich mit einem Teil davon in die kulinarische Szene ein, hängt mit Profiköchen ab und schwingt, natürlich vorwiegend unter Männern, das große Wort. Mein Neid verfolgt Herrn Sapre bis in die schmutzigste Kombüse. Zum Schwingen des großen Worts gehört aber leider auch, dass er sich in Blogs zum Thema Kochen und Wein zu Stammtischkommentaren herablässt. Jedem Millionärchen sein Pläsierchen.

Mütter kochen eher mäßig gut

Männer, die privat und für ihre Liebste oder ihre Lieben kochen, haben einen Riesenvorteil gegenüber Alltagsköchinnen: Ihre Tätigkeit wird als Ausnahme geschätzt und bewundert. Sie haben aber auch einen Riesenvorteil gegenüber Berufsköchen: Ihre Gäste haben normalerweise so wenig Erfahrung, dass sie jedes, wirklich jedes Essen als gelungen empfinden.

Ihnen (den Gästen) fehlen die notwendigen Referenzerlebnisse. Von allen Menschen unseres Kulturkreises leistet sich maximal ein halbes Prozent gelegentlich einen Besuch in einem wirklich erstklassigen Gasthaus. Der Geschmack der meisten ist geprägt von Systemgastronomie und öliger Mittelmeerküche und von dem, was Muttern gerade noch so hinkriegt. Ich weiß, ich bin überheblich und undankbar, weil ich Ihnen und mir das Standardlob auf die Kochkünste unserer Mütter erspare. Im Gegenteil.

Aber lesen Sie doch einmal bei John Steinbeck nach, ja, dem Nobelpreis-Steinbeck mit den *Früchten des Zorns*. Obwohl er einen Hang zum Konservativen hatte, bewahrte er sich einen klaren Blick auf die Ernährungsweise unserer unmittelbaren Vorfahren. Sicher meinte er nicht nur seine eigene Mutter, als er schrieb: »Mutters Kochkunst war mit wenigen Ausnahmen dürftig, die ach so gute unpasteurisierte Milch, die mit Fliegen und Kuhmist in Berührung gekommen war, wimmelte von Bakterien, das gesunde Leben von anno dazumal

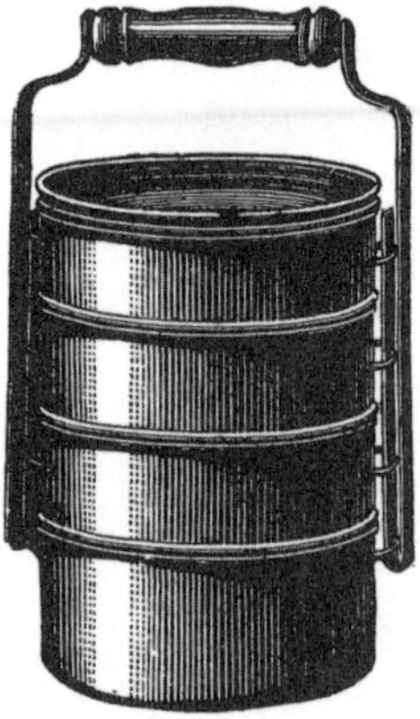

Essenträger mit verzinntem Bandeisenbügel, mit 4 Schalen, weiss-weiss-altblau. Dass Mütter selten wirklich gut kochen, sollte ihnen auf keinen Fall zum Vorwurf gereichen. Früher brachten sie in solchen Essenträgern, auch »Henkelmann« genannt, zerkochte Speisen zu den Arbeitsstätten ihrer Männer und Jungs. Heute haben sie noch mehr um die Ohren. Sie müssen arbeiten, aufräumen, bloggen, auf Facebook den neuesten Klatsch verbreiten und sich zu Recht darüber aufregen, dass die Kerle sich so wenig im Haushalt beteiligen.

war ständig bedroht von Schmerzen und jähem Tod aus unbekannten Ursachen.«[7]

Und lesen Sie, wenn Sie das mit dem Lob der Mütter so richtig und wichtig finden, doch bei Johannes Trojan nach. Der konnte loben, dass sich die Balken bogen:

»Ich fürwahr bewundre sie,
dass sie noch kann lachen.
Was allein hat sie für Müh,
alle satt zu machen!
Kann nicht einen Augenblick
sich zu ruhn erlauben.
Und das hält sie gar für Glück!
Sollte man es glauben?«

Das ist wirklich unglaublich, was sich dieser Kerl Ende des 19. Jahrhunderts herausgenommen hat! Die reinste Heuchelei! Sagen Sie's bitte nicht meiner Mutter, obwohl die es in ihrer Großherzigkeit leicht verkraften würde. Sagen Sie es aber vor allem nicht Italienern. Denn jeder Italiener und jede Italienerin hat die beste Mama der Welt, und jede jeweilige Mama ist die beste Köchin der Welt – was allein ontologisch schon nicht geht. Dass es bei Mama am besten schmeckte, hat nichts mit deren Kochkünsten zu tun, die, objektiv betrachtet, eher als dürftig bis »nicht vorhanden« charakterisiert werden müssten. Es liegt vielmehr an der Projektion des Gewünschten. In der Erinnerung war alles schön, sogar das Essen, das Mama uns vorsetzte, auch wenn es nur Erbsensuppe war.

Über die tatsächliche mütterliche Kochunfähigkeit

weiß ausgerechnet ein Mann Bescheid, nämlich Jamie Oliver. Nach einem rituellen Lob auf seine Mutter, bei der er angeblich am liebsten Spaghetti Bolognese gegessen habe, beklagt er nicht minder rituell, dass knapp eine Generation später das ganze Wissen um die Zubereitung von Speisen verloren gegangen sei.[8] Mit dieser Einschätzung erntet Jamie Oliver natürlich viel Lob und Kopfnicken von Kulturpessimisten und deshalb von mir nicht. Seine Bemühungen um angeblich gesünderes Schulessen wurden von Müttern in Rotherham auch so quittiert, dass sie ihren Kleinen Fast Food, Sandwiches, Fish & Chips, vollfette Mayonnaisen-Salate und Süßigkeiten durch Lücken im Zaun zusteckten. »Gesünderes Essen«, was immer das sei, hielten sie nicht für angemessen zur Versorgung ihrer Racker. »Gesünderes Essen« lässt sich eben nicht befehlen, schon gar nicht Müttern.

Männer essen anderes

Wildkräuter-Blütensalat mit karamellisierten Perlzwiebeln? Löwenzahntiramisu? Schnickschnack, gedünstet mit Spirenzchen an Kinkerlitzchen? Ach, hören Sie mir doch auf! Ein Festtags-Menü für Männer sieht in Deutschland etwa so aus, wie es mir mein Bruder Gregor schilderte, der mit der Speisefolge bei einer goldenen Hochzeit allenfalls leicht überfordert war: Suppe, Nachschlag Suppe, noch ein Nachschlag Suppe, dann Spargel, Erbsen und Möhren, Blumenkohl, Brokkoli, Bohnen, Bohnen mit Speck, Bohnen in Speck gewickelt, geschmorte Champignons, Steinpilze, Pilzedieichnichtkenne, Rösti-Ecken, Salzkartoffeln, Pommes, Reh-Medaillons, Lammstreifen, Roastbeef, Rinderbraten, Schweinebraten, Putenbrust, Chickenwings, für alles leckere Fertigtütenbratensoßen, eine helle, eine dunkle, eine mit so Stückchen drin. Und zum Nachtisch Bayerische Creme mit roter Grütze und Vanille- und/oder Schokoladensoße auf Eisvariationen.

Klar, dass sich mein Bruder bemühte, keine dieser Leckereien auszulassen. Man tut, was man kann. Natürlich musste er dazu auf den ganzen Beilagenkram und das Gemüse verzichten. Seine Frau, also meine Schwägerin Vera, sah das ganz anders. Sie habe sich an dem ganzen Gemüsekram »mal so richtig satt gegessen«.

Dass Männer und Frauen anders und anderes essen, ist in den letzten Jahrzehnten ausführlich untersucht und beschrieben worden. Es liegt, hat man herausgefunden, nicht daran, dass Männern ein Steak besser schmeckt, Frauen ein Salat mit Putenstreifen, sondern es liegt daran, dass mit den auf Geschlechter festgelegten Speisen deren jeweilige Rolle verstärkt wird. Genau das

Fleischschrank, Weissblech, stark, mit blau lackirtem Drahtgewebe. Zum Aufhängen bezw. Aufbewahren von Fleisch, Geflügel etc. in geschlossenen oder freien Räumen.
Fleisch wird mittlerweile in geeigneteren, nämlich gekühlten Schränken aufbewahrt. Verzehrt wird es aber weiterhin vorwiegend von Männern; nicht unbedingt, weil es ihnen besser schmeckt als Gemüse, sondern weil sie sich damit eindeutig als »echter« Mann zu erkennen geben.

wollen nämlich die meisten Menschen. Kein Protest, kein Ausbrechen aus Rollenmustern, kein Risiko. Die Welt und das Verhältnis der Geschlechter zueinander ist so schon kompliziert genug. Da will eine Frau in Gesellschaft nicht als »Steak, aber blutig«-Monster erschrecken. Da will ein Mann nicht durch die Bestellung von Salat die Gefahr eingehen, für ein Weichei gehalten zu werden. Das mindert die jeweilige Chance erheblich, doch noch von der Bettkante gestoßen zu werden.

Kochlöffel, Buchen, geschnitzt, in sortirten Größen.
Bei Hochzeitsspielen wird ein Kochlöffel gern verwendet zum Kennzeichnen der Aufgaben der Frau. Für den Mann steht dagegen der Hammer.

Eine Frau kann nur mit ganz viel rein weiblich codiertem Verhalten deutlich machen, dass sie durchaus eine Frau ist, *obwohl* sie herzhaft in das »blutige« Steak beißt. Die Zweifel des ihr gegenübersitzenden Mannes, ob es sich bei ihr wirklich um eine Frau handelt, lassen sich nach dem Steakverzehr trotz Schminke, Frisur und extrem weiblicher Kleidung vorerst nicht vollkommen ausräumen, im Gegenteil. Irgendwas, denkt er sich, irgendwas stimmt da nicht. Und ein Mann kann nur mit ganz deutlich männlich codiertem Verhalten zeigen, dass er ein echter Kerl ist, *obwohl* er einen Salat isst. »Nur dieses Mal und warum eigentlich nicht?« Gerade wegen seines Muskelshirts und seines George-Clooney-Blicks wird die Frau, die ihm gegenübersitzt, sich fragen, warum er so dick auftragen muss, um seine Männlichkeit unter Beweis zu stellen. Hat er's nötig?

Gegen die tief sitzenden Rollenbilder von Männern

und Frauen haben die Wunschbilder der Feministinnen etwa so viel Wirkung wie das Liebsein beim Verhindern von Kriegen.

Gender – Die gesellschaftlich unmögliche Position des kochenden Mannes

Man wird nicht als Mann geboren, man wird es. Den Satz kennen Sie vielleicht, wenn auch nicht mit dem Mann als Objekt der Analyse, sondern der Frau. Simone de Beauvoir hat ihn geschrieben.[9] Gemeint ist, dass Geschlechterrollen gesellschaftlich eingeübt werden. Gibt es irgendjemanden, der da widersprechen wollte, könnte oder dürfte? Über die korrekte Übersetzung des Satzes von Simone de Beauvoir aus dem Französischen streiten sich Feministinnen übrigens noch immer. Was mich daran besonders schockiert: Es gibt noch immer Feministinnen. Ich dachte, wir seien mit dem Thema durch. Alles emanzipiert, alles prima. So kann man sich irren.

Natürlich kochen Männer. Natürlich kochen Männer anders als Frauen. Männer laufen ja auch anders als Frauen. Männer machen fast alles anders als Frauen: Sie fahren anders Auto, sie machen andere Witze, sie schätzen andere Filme. Ich gebe dazu keine Wertung ab. Sollte jemand bei einem dieser Unterschiede im Geist ein »besser« oder ein »schlechter« ergänzt haben, ist das seine oder ihre Sache. Kochen ist eine Kulturtechnik, und wie alle Kulturtechniken ist Kochen geschlechtsspezifisch ausgeprägt.

Kochen als Tätigkeit, die von Männern ausgeübt wird, ist natürlich auch Gegenstand der Genderforschung. Genderforschung ist die Spezialabteilung der Soziologie, die sich mit traditionellem und weniger traditionellem gesellschaftlichem Rollenverhalten beschäftigt. Weil gesellschaftliches Rollenverhalten aber vorwiegend Männern zugutekommt, ist Genderforschung automatisch auch ein Tummelplatz der Frauenaufholbewegung und wird weitgehend von ihr dominiert. Deshalb hier einmal ein etwas längeres (pseudo-) wissenschaftliches Zitat eines männlichen Genderforschers, nämlich von Michael Meuser:

»In diesem Zusammenhang [der geschlechtshierarchischen Arbeitsteilung] ist eine Studie von Frerichs und Steinrücke (1997) über ›geschlechtsspezifisches Kochen‹ aufschlussreich. Wenn Männer *regelmäßig* im eigenen Haushalt kochen, dann kann man das als einen zumindest bescheidenen Beitrag zum Aufbrechen der traditionellen geschlechtlichen Arbeitsteilung sehen – auch, was die Männer angeht, als eine Erweiterung von Handlungsspielräumen. Ein Blick auf die Anlässe, zu denen die Männer und zu denen die Frauen kochen, zeigt, dass in höheren sozialen Milieus die Frauen das alltägliche Kochen übernehmen, während die Männer an hervorgehobenen Tagen und zu außergewöhnlichen Anlässen etwas Besonderes und Aufwendiges kochen: am Wochenende und wenn Besuch kommt. Auch wenn die Männer einen traditionell der Frau zugewiesenen Handlungsbereich für sich entdecken, wird damit nicht notwendig das geschlechtshierarchische Verhältnis außer Kraft gesetzt. Für die Männer ist das Kochen auch –

und nicht notwendig intendiert – ein Mittel der Distinktion, eine Möglichkeit, Beifall und Anerkennung für *besondere* Fähigkeiten zu erlangen; das wiederum ist dem sozialen Kapital des Mannes förderlich.«[10]

Die Sichtweise, dass Frauen als Alltagsköchinnen taugen, Männer sich hingegen die Rosinen der Festtagsschmaus-Zubereitung herauspicken, wird von fast allen Menschen unseres Kulturkreises geteilt. Das Weib erledigt die Pflicht, der Mann die Kür.

Das private Kochen, das Männer betreiben, ist ein Phänomen, das fast ausschließlich in Bevölkerungsgruppen mit höherem Einkommen auftritt. Hier ein paar Fakten dazu, die Sie wenig interessieren dürften. Aber um dem Ganzen einen unwiderlegbaren Anstrich zu geben, habe ich mich dazu bereitgefunden, sie aufzuführen. Sie ahnen ja nicht, wie nervtötend Leser sein können, die einem

Putz- und Wichskasten, gewöhnlich, eichenfarbig lackirt, mit Aufschrift »Putzkasten« oder »Wichskasten«.
Genau wie Kochen ist auch Putzen keine Tätigkeit, der sich Männer heutzutage ganz entziehen können. Ein klarer Erfolg der Frauenaufholbewegung.

schreiben: »Da habe ich ganz andere Erfahrungen gemacht, und die sind doch wohl nicht weniger wertvoll als das, was Sie beschreiben, oder?« Meine Standardantwort ist: »Sie haben recht.« Ganz beiläufig lasse ich dann die Statistik sprechen, in die die entsprechenden Kritiker überhaupt kein Vertrauen setzen. Ich dafür umso mehr.

Kochende Männer sind sexy

In Meinungsumfragen behaupten Frauen, sie fänden kochende Männer attraktiv, wenn nicht gar »sexy«. Achtung Fettnäpfchen! Ich gebe jetzt unumwunden meine Meinung zu Meinungsumfragen bekannt: Ich finde sie prima. Im Gegensatz zu allen Kritikern und Heuchlern und Besserwissern und Abwägern erhalte ich aus den Antworten der Menschen auf die absurdesten Fragen ein ganz gutes Bild. Jedenfalls ist es besser und verlässlicher, als wenn ich mich auf die Meinungen in meinem kleinen Bekanntenkreis und die Meinungen im etwas größeren Bekanntenkreis von Journalisten verlassen würde. Über die methodischen Unzulänglichkeiten und die suggestiven Fragen und die Gefallsucht der Befragten bin ich mir dabei vollkommen im Klaren. Trotzdem: Meinungsumfragen helfen mir, die Tendenzen meiner Mitmenschen besser kennenzulernen. Dass ich mich deren Meinung anschließe, ist selten.

Dass ein Mann die Hausarbeit (inklusive Kochen) mit ihnen teile, erwarteten 1977 nur 20 Prozent aller Frauen, im Jahr 2011 aber schon 76 Prozent.[11] Was alle längst wussten, meldete die *Wiener Zeitung* am 8. Juni 2010: »Ein Mann mit Schürze und Kochlöffel ist ein immer häufigeres Bild in österreichischen Haushalten, wobei sich das große Aufkochen des starken Geschlechts oft nur auf das Wochenende beschränkt. Die Hauptarbeit bei der Zubereitung von Mahlzeiten für die Familie liegt immer noch bei den Frauen.«[12] Die *Wiener Zeitung* wusste das aus einer Umfrage des österreichischen Marktforschungsinstituts Karmasin, wonach neuerdings deutlich mehr Männer kochten.[13] Der Frauenanteil beim häuslichen Kochen lag gleichwohl noch bei 67 Prozent, »überwiegend aus Pflichtbewusstsein«. Männer, fanden die Umfrager heraus, kochten dagegen fast nur aus Spaß. Das liege daran, dass sie einem geringeren Erwartungsdruck ausgesetzt seien. Trotzdem sehen sich Männer nicht als Wochenendkocher. Frauen tun das aber, und das wurmt die Männer. 40 Prozent der Frauen sind der Ansicht, ihre kochenden Männer beabsichtigten, Bewunderung zu erheischen.

Die Statistiker sehen gleichwohl eine Änderung der Geschlechterrollen: »Das ist auch die Emanzipation des Mannes. Jetzt darf er endlich in die Küche, ohne als unmännlich zu gelten.« Und ein ganz altes Klischee konnte ebenfalls bestätigt werden: »Das Schlachtfeld in der Küche zu beseitigen, sei oft wieder die Aufgabe der Partnerin (46 Prozent).«

Noch eine interessante Frage wurde gestellt, aber die Antworten darauf waren erwartbar: »Gibt es einen Unterschied bei den Gerichten/Speisen, die vom Mann beziehungsweise von der Frau gekocht werden?« Antwort: 17 Prozent »nein«, 83 Prozent »ja«. Die Studie ist leider nicht repräsentativ. Es wurden nur 500 Männer und Frauen im Alter von 20 bis 60 Jahren befragt, und das auch noch online, das heißt, man hat nur die technisch gut ausgestatteten Haushalte erreicht. Trotzdem bekommt man hier ein wesentlich verlässlicheres Bild als durch das übliche Hörensagen.

»Beköstigung« ist eine Kategorie von Hausarbeit, die neben dem Kochen auch noch Tischdecken, Abräumen, Geschirrspülen und Lagerhaltung einschließt, aber nicht den Einkauf. Bei Ehepaaren mit Kindern unter 18 Jahren, bei denen nur der Mann erwerbstätig ist, wenden Frauen für die Beköstigung täglich 123 Minuten auf, Männer 19 Minuten.

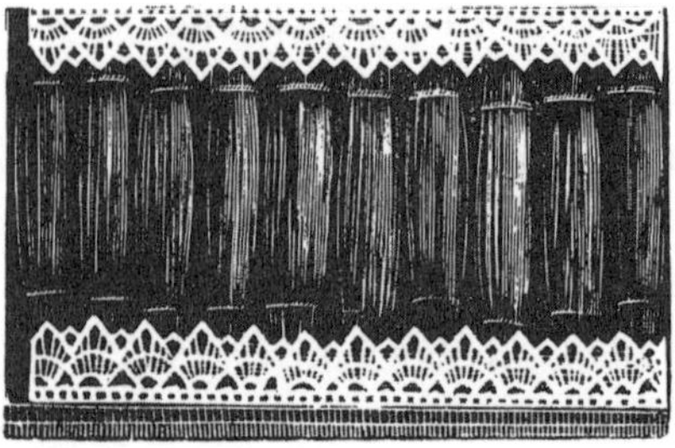

Zahnstocher, Hartholz, ordinäre, gespalten, in Cartons à 100 Bund oder feine, geschnitzt, in Cartons à 10 Bund.
Kommissar van Veeteren hat in Håkan Nessers Krimis einen enormen Verbrauch an Zahnstochern. Wie viele, weiß nicht einmal sein Autor. Statistik konnte auch hier Klarheit schaffen.

Sind beide erwerbstätig, setzen Frauen 88 und Männer 23 Minuten ein. Bei erwerbstätigen Ehepaaren ohne Kinder bringen es Frauen auf 91 und Männer auf 28 Minuten.[14] Soll man daraus etwa nur schließen, dass Männer effektiver arbeiten?

Eine Schweizer Untersuchung ermittelte im Jahr 2003: »Über fünf Millionen Hobby-Köche stehen in der Bundesrepublik 100-mal pro Jahr am Herd, weitere 13 Millionen Gelegenheitsköche kochen etwa 16-mal im Jahr. Der Anteil der männlichen Hobby-Köche weist eine steigende Tendenz auf – sie haben … bereits die Hobby-Bastler überrundet.«[15] *Bastelt* überhaupt noch jemand, außer an seiner Internetseite?

Und in England respektive Großbritannien? *Ganz* alte Schule: »Die Vorstellung, dass Frauen und nicht Männer daheim zu kochen hätten, war allgegenwärtig«, fand Anne Murcott noch 1993.[16]

Eine Riesen-Sauerei

Es hat sich also durchaus etwas verändert im Rollenverhalten von Mann und Frau, allerdings weniger, als ohne Statistik und nüchterne Untersuchung geglaubt wird.

Bis vor wenigen Jahren prägte folgendes Klischee die Vorstellung vom kochenden Mann: »Wenn Männer kochen, dann gibt's eine Riesen-Sauerei.« Das Klischee wird durch Befragungen, wie die oben geschilderte, bestärkt. In den Nischen, in denen sich ewig gestrige Menschen aufhalten, wird immer noch so gedacht. Frauen sind in diesen Nischen zu hören mit der Meinung: »Die reißen sich ein Bein aus, um was Besonderes zu zaubern, und wir Frauen müssen hinterher alles wieder sauber machen. Meistens schmeckt's ja wirklich gut, aber der Aufwand! Na ja, kommt ja zum Glück nicht allzu oft vor.«

Birgit Schönberger sieht das so: »Während Frauen in 40 Minuten ein Fünf-Gänge-Menü zaubern, nebenbei ihr Ballkleid enger nähen und Schopenhauer zu Ende lesen, sind die meisten Männer schon mit dem simplen Vorgang des Schneidens, Putzens und Kochens hoffnungslos überfordert. Deshalb reden sie in der Regel auch am liebsten über das Kochen. Oder sie kochen im Fernsehen. Da brauchen sie hinterher die Küche

nicht zu wischen, und Verona Feldbusch schnippelt ihnen die Möhren.«[17] Manchmal schnippelt aber auch Alice Schwarzer und kräht dazu aus der Gestern-Ecke des Geschlechterkampfs: »Männer machen ein größeres Brimborium drum rum. Aber das

Flaschenzugrollen, Messing, mit Ring, klein, mittel, gross.
Bei diesem und ähnlichen Geräten kann man von einem »natürlichen Rollenverhalten« sprechen. Bei gesellschaftlichen Rollen nicht so gut.

gilt auch für nicht so arg weiblich identifizierte Frauen, die sich dann demonstrativ ans Kochen machen. Anstrengend.«[18] Wie Alice Schwarzer.

Männer grummeln dagegen ihr stolzes: »Jahaa! Selbstverständlich kochen Männer. Und zwar richtig! Noch richtiger kann man gar nicht kochen, schon gar keine Frau.«

Im Rahmen der Zeitschriftenanalyse, die ich oben betrieben habe, wird das nur allzu deutlich bestätigt. Mann, Mann, Mann! Das ist zumindest aus dem Mund von Fernseh-Schuldenmacherberater Peter Zwegat kein Ausdruck von Anerkennung, Lob, Hochachtung, sondern von Verzweiflung. »Wie kann«, will er eigentlich sagen, »einer allein bloß so blöd sein?« Hier hieße das: »Wie kann einer allein bloß so eitel sein?« Anders und positiv ausgedrückt: Wenn Männer was machen, machen sie es konsequent. Aber kann man das über kochende Männer wirklich sagen?

Die »feine Kochkunst« beschreibt ein Lexikon aus der Mitte des 19. Jahrhunderts als eine Aufgabe für Männer beziehungsweise des Kunstkochs, »d.i. des Kochs in fürstlichen oder herrschaftlichen Küchen, oder auch des Restaurateurs in großen Städten; im gewöhnlichen Sinne ist sie die Angelegenheit von Hausfrauen, die ihrer Wirthschaft selbst vorstehen, u. Gegenstand des häuslichen Unterrichts von jungen Mädchen, die zur Wirthschaftlichkeit erzogen werden sollen«.[19] Noch deutlicher wird der Autor in diesem Lexikon ein paar Sätze später: »Die gemeine K[ochkunst] ist von je meist dem weiblichen Geschlecht überlassen worden, u. unter allen Ständen wird bei jeder Hausfrau Bekanntschaft mit der Küche vorausgesetzt.«

So schuf die Wiederholung des Tatsächlichen, zumal in Lexika, die über jeden Zweifel erhaben schienen, Fakten. Die Leser wurden mit einer ausgeklügelten Verdoppelung der Wirklichkeit übertölpelt: Wenn das so ist, und dass es so ist, daran besteht ja wohl kein Zweifel, dann ist das ja auch richtig so, jedenfalls »von je« und »meist«. Und wenn der Artikel desselben Lexikons zum Begriff »Weib« vom selben Autor verfasst sein sollte, dann klärt sich (wenigstens für ihn) auch, weshalb das so ist, jedenfalls bei spanischen »Weibern«: »Kochen und Tanzen können sie, nach dem Sprüchwort, ehe sie auf die Welt kommen.«[20] Der Mann kannte sich aus!

Als Mann kann ich auf beide Einschätzungen sehr gelassen reagieren: Wenn Sie meinen. Und wenn Sie eine Frau sind, antworte ich Ihnen: Möglicherweise ist Ihr Mann ja wirklich ein Künstler am Kochlöffel. Möglicherweise ist er der Einstein des Eintopfs. Seien Sie doch froh!

Wenn Ihr Mann gelegentlich kocht, haben Sie entschieden mehr davon als eine schmutzige Küche. Sie haben einen Mann im Haus, der wenigstens zwei Wochen lang von seinem Erfolg zehrt und Ihnen nicht auf die Nerven geht, und Sie können bis zur nächsten Kochorgie sicher sein, dass er Ihre Kochkünste über den grünen Klee lobt, weil er ja weiß, wie schwierig es ist, Geschmack an die Speisen zu kriegen, und weil er außerdem weiß, was Sie hören wollen und müssen, um ihm weiterhin gewogen zu sein. Dass man jedem, der ein Spiegelei nicht anbrennen lässt, sagt, er koche prima, haben diese Rucola-Anrichter sowieso verdrängt.

Wenn Sie ein Mann sind, dann antworte ich Ihnen: Wenn gekocht wird, fallen Späne und Löffel und manchmal auch Töpfe, aber so ist das nun einmal, wenn man lebt. Leben heißt, Spuren zu hinterlassen! Ist der Spruch nicht von Walter Benjamin? Doch, doch, Walter Benjamin, ich bin mir sicher, oder nicht?[21] Natürlich machen Sie zusammen mit Ihrer Frau alles wieder picobello sauber. Das hat den Vorteil, dass sie Ihnen nicht zwei Wochen lang auf die Nerven geht mit dem Spruch: »Wie du die Küche wieder hinterlassen hast!«

So, dann hätten wir also die Klischees abgehandelt und können uns darum kümmern, was tatsächlich abläuft, wenn Männer kochen. Es geht hier nur um europäische, genauer gesagt um weitgehend deutschsprachige Männer oder Männer, die in Deutschland, Österreich, Schweiz, Luxemburg, Belgien, Südtirol und angrenzenden Ländern ihre soziale Prägung erfahren haben. Darüber, wie und ob Männer in Asien, Afrika, Australien und Amerika kochen, können Sie hier nichts erfahren. Griechische, türkische, asiatische und arabische Männer kochen ja angeblich gar nicht.

Sie wissen wahrscheinlich, dass ich Bücher über Küchenirrtümer geschrieben habe. Da ging es immer so: In der Überschrift stand ein Irrtum, ein Missverständnis, eine falsche Behauptung, und ich habe dann haarklein erklärt, warum das alles gar nicht stimmt. Ganz schön anstrengend! Hier aber ist das noch viel schwieriger. Bei griechischen, türkischen, asiatischen und arabischen Männern denken Sie wahrscheinlich an die Macho-Idioten, die Sie für typische Vertreter von Männern aus diesen Ländern halten. Bitte! Tun Sie sich keinen Zwang an! Ich will Ihr primitives Weltbild nicht unnötig durcheinanderbringen. Aber mit offenen Augen gehen Sie nicht durch die Welt, oder? Dann wäre Ihnen doch aufgefallen, wer in den Döner- und Falafel-Buden das Messer schwingt, wer Spieße wendet und Teigtaschen füllt. Männer! Die sind sich dafür keineswegs zu schade. Die finden nicht, das sei eine Arbeit für Frauen. Die lassen da sogar ungern Frauen ran. Natürlich sind das, und das ist die einfache Erklärung, Profiköche. Niemand soll behaupten, diese Form der Nahrungszubereitung fände auf niedrigerem Niveau statt als die in einer Sterneküche! Und in Profiküchen dominieren nun einmal Männer. Das ist so in allen Kulturkreisen, die mir bekannt sind.

Es ist noch nicht so lange her, da fühlten sich Männer einfach nicht bemüßigt, sich an häuslichen Tätigkeiten (inklusive Kochen) zu beteiligen, sie hatten auch ein Recht dazu. Immerhin lebt die Generation noch, in der der Mann ein Stück Fleisch, der Rest der Familie – wenn überhaupt – Frikadellen serviert bekam, oder, wie Vincent Klink zu berichten weiß, »wo der Mann nicht mit der Familie zusammen Mittag aß, sondern sich an einem eigenen Tisch servieren ließ«.[22] Was kann man schon erwarten von einer Generation, zu deren Lebzeiten erst, nämlich am 18. Juni 1957, der Gehorsamsparagraf 1354 aus dem Bürgerlichen Gesetzbuch gestrichen wurde: »Dem Manne steht die Entscheidung in allen das gemeinschaftliche eheliche Leben betreffenden Angelegenheiten zu; er bestimmt insbesondere Wohnort und Wohnung. Die Frau ist nicht verpflichtet, der Entscheidung des Mannes Folge zu leisten, wenn sich die Entscheidung als Missbrauch seines Rechts darstellt.« Ich frage mich, wie eine Frau nachweisen konnte, dass die Entscheidung ihres Mannes einen Missbrauch darstellte.

Keine Kinkerlitzchen – Mehr Essen, weniger Deko

Eine Unmenge an Büchern und einige spezielle Zeitschriften befriedigen den Drang ihrer ausschließlich weiblichen Leserinnen, ihr Heim anheimelnd zu gestalten. Der Esstisch bietet dazu einige Quadratmeter, die ungestaltet zu lassen vielen Frauen schwerfällt. Es gibt Tischdekoration – zu jeder Jahreszeit wechselnd – unter Verwendung von Obst, Gemüse, Gebäck, Grün- und Braunzeug. Es werden Zweige, Zapfen, Zierrat verwendet. Es gibt Länderdekorationen aus Nord, Süd, Ost und West. Es gibt Dinge, die einen Mann zittern lassen: Serviettenfalttechniken, Menü- und Einladungskarten, Kerzenarrangements. Für Männer ganz schlimm und nur mit sehr viel Liebe zu ertragen: romantische Dekorationen, liebevoll, verspielt, gut gemeint, atemberaubend. Es gibt Gegenstände, die Frauen auf Tische räumen, bei denen sich Männer fragen, ob sie im falschen Raum sind: Wäscheklammern, Wollknäuel, Wärmflaschen aus Kupfer. Papierstreifen mit Sprüchen zum Tage, Glaswiederfindehilfen an der Zahl, kaum noch dichte Krüge mit (deswegen) Trockenblumen. Platzkärtchenideen zu Tausenden. Teelichter, in gefährlichen Gruppen arrangiert, in Gläschen übereinandergetürmt, in beklebte Gläser versenkt, auf wackelige Ständer gestellt. Serviettenringe werden beschriftet, bemalt, beklebt, bedruckt, bis jeder Gast sich endlich seinen eigenen Namen merken kann. Es kommen Brötchen in Gläser und Getränke in Papiertüten. Es werden gehäkelte Blümchen auf dem ganzen Tisch verteilt, echte Blüten in Muffinförmchen gesetzt. Es werden Schleifchen appliziert. Es werden Knöpfe aufgenäht, wo auf aufgenähte Knöpfe gut zu verzichten wäre. Es wird »ganz in Weiß«, »ganz in Blau«, »ganz in Grün« dekoriert. Es wird für Kinder, für Alte, für's Frauenkränzchen dekoriert.

Wofür nie und nimmer dekoriert wird: für die Männerrunde.

Kaffeebretter, rundeckig mit umgelegtem Rand, fein schwarzlackirt, in Goldsternen, Arabesken, Broncedruck, Schattenbildern, Landschaften und farbigen Verzierungen sortirt.
Viele Frauen scheinen nicht einmal zu ahnen, WIE egal es Männern ist, wie viel Dekoration sich auf dem Tisch befindet. Sie erhoffen Anerkennung für allerlei Arrangements und ernten allenfalls ein »nett«. Für rundeckige Kaffeebretter mit umgelegtem Rand nicht einmal das.

Ich habe mir das alles nicht ausgedacht, sondern in den Zeitschriften *Living at Home* und *Brigitte* recherchiert. Darin stehen Tipps zu den wundervollsten Tischdekorationen. Ich habe mir die Autoren von 100 Büchern angesehen, die derzeit zum Thema Tischdekoration angeboten werden. Darunter sind 80 Bücher, die von einer oder mehreren Frauen verfasst wurden, 15, bei denen Frauen und Männer zusammenarbeiteten, und ganze fünf wurden nur von einem Mann verfasst.

Kein Wunder. Denn was macht stattdessen der Mann? Selbst wenn er nicht allein isst, stellt er normalerweise den Topf auf den Tisch und kommentiert: »Stört euch doch nicht, oder?« Die weiblichen (nicht die männlichen) Gäste murmeln ein »Nö, nö« und denken sich: »Banause.«

Kraftfutter – Echte Männer essen deftig. Vor allem Fleisch

Woody Allen ist nicht gerade als kerniger Mann bekannt. Deshalb bestellt er sich in seinem Film *Der Schläfer* (1973), in dem er 200 Jahre nach einem künstlichen Schlaf wieder aufwacht, zum Frühstück Weizenkeime, Vollwerthonig und Sanddornsaftextrakt. Die Wissenschaftler des Jahres 2174 wundern sich darüber:

»Ach ja, das waren die Zaubersubstanzen, denen man früher lebensverlängernde Eigenschaften zuschrieb.«

»Keine gesättigten Fette? Keine Schweinshaxen, keine Cremetorten und keine heiße Schokolade?«

»Nein, das hielt man alles für ungesund. Genau das Gegenteil von dem, was wir heute für richtig erkannt haben.«

»Unvorstellbar.«

Männer, deren Selbstbild von weniger Zweifeln zernagt ist als das Woody Allens, essen Fleisch. Männer mögen Fleisch. Zur Erklärung der offensichtlichen Vorliebe von Männern für Fleisch wird fast immer auf Urzeiten verwiesen. Dabei sind alle Versuche, den höheren Fleischverzehr von Männern gegenüber dem von Frauen auf eine Tradition seit unseren affenartigen Vorfahren zurückzuführen, gescheitert. Köche, Ernährungswissenschaftler, Sozialwissenschaftler, Journalisten und Besserwisser mutieren dennoch zu Hobby-Paläontologen und erklären aus dem hohlen Bauch heraus: »Ganz klar: In der Entwicklung der Menschheit hat sich das so ergeben«, oder, wie Nan Mellinger schreibt: »Bereits für unsere steinzeitlichen Vorfahren muss Fleisch der Inbegriff eines ›guten Essens‹ gewesen sein, bei dem man sich Nährwert und Symbolgehalt gleichermaßen einverleibte.«[23] Sogar die Menschwerdung selbst wird mit dem Fleischverzehr in Verbindung gebracht. Der hohe Proteingehalt von Fleisch habe es, so diese Theorie, dem Menschen ermöglicht, sich besser als seine artverwandten Pflanzenfresser zu entwickeln. Wäre das richtig, wären Raubtiere, die ja reine Fleischfresser sind, den Menschen überlegen, auch intellektuell.

Forscher der Harvard Universität haben unlängst festgestellt, dass der Homo erectus im Vergleich zu anderen Primaten deutlich kleinere Backenzähne hatte.[24] Daraus schlossen sie messerscharf, in der Menschheitsgeschichte habe sich mit der Entstehung des Homo erectus vor etwa 1,9 Millionen Jahren eine Veränderung der Essgewohnheiten von roher, nicht erhitzter hin zu weicher und zubereiteter Nahrung vollzogen. Wie sie dann auch noch ein geringes Darmvolumen zur Stützung ihrer These feststellen konnten, ist mir schleierhaft. Durch das Zubereiten der Nahrung mit Werkzeugen und durch das Erhitzen seien sie leichter essbar gewesen. Und prompt,

Buddingform, Weissblech, prima, gerippt mit Rohr, und verziertem Boden. Die Evolutionstheorie steckt in einem Dilemma: Entweder hat sich etwas so entwickelt, weil es sich in dem Lebensumfeld als vorteilhaft erwies, oder es erwies sich als vorteilhaft, weil sich das Lebensumfeld veränderte. Von einer echten Erklärung sind solche Spekulationen weit entfernt. Hat Fleischverzehr zur Menschwerdung beigetragen oder die Entwicklung des Menschen zum Fleischverzehr? Die Frage ist fast so schwierig zu beantworten wie die, ob die Bodenverzierung dieser Puddingform dem darin zubereiteten Pudding Geschmack verleiht.

so die Harvard-Leute, hätten sich die Backenzähne des Homo erectus, also unseres unmittelbaren Vorfahren, verkleinert. Ich bin versucht, hier von Schnellschuss-Wissenschaft zu sprechen, auch wenn es sich um eine Entwicklung handelt, die 1,9 Millionen Jahre zurückliegt.

Gritzmann und Scheck verstehen die Anfangsszene aus Stanley Kubricks Science-Fiction-Film *2001: Odyssee im Weltraum* so, als habe der geheimnisvolle Monolith die Vormenschen zum Fleischverzehr bewogen.[25] Da steht plötzlich so ein schwarzer, eindeutig nicht von Menschenhand geschaffener Block in der Landschaft und wirkt irgendwie auf die Menschen ein. Ich verstehe die Szene eher als Aufforderung zum Waffengebrauch, und das nicht nur gegenüber Tieren, sondern auch gegenüber ihren Artgenossen.

Die Hypothese von der Entwicklung des Menschen *durch* Fleischverzehr hat noch einen weiteren Schönheitsfehler: Sie lässt sich, außer durch suggestive Filmszenen, kaum belegen und, was für ihre Wissenschaftlichkeit vielleicht noch wichtiger ist, sie lässt sich nicht einmal sauber *wider*legen. Kann sein, kann aber auch nicht sein, dass sich die mehr Fleisch verzehrenden Menschen besser entwickelten als die weniger oder nicht Fleisch verzehrenden.

Als weitere Faktoren für den angeblich großen Entwicklungsschub zum heutigen Menschen gelten ein aufrechter Gang, die Bewältigung von Feuer und die Sprache. All diese Faktoren werden wechselweise als Ursache und Wirkung der Menschheitsentwicklung angenommen und jeweils erbittert als *der* ausschlaggebende Faktor verteidigt. Man nennt dieses Konzept – ich musste das auch erst lernen – eine »materialistische Kulturanthropologie«. Kein Wunder, dass auch die Star-Materialisten Marx und Engels Fleischverzehr zu den »chemischen Bedingungen der Menschwerdung« zählten. Dem menschlichen Gehirn seien »nun« – ja wann denn nun eigentlich? – »die zu seiner Ernährung und Entwicklung nötigen Stoffe weit reichlicher zu[ge]flossen als vorher«. Es habe sich »daher von Geschlecht zu Geschlecht rascher und vollkommener ausbilden« können.[26] Eine kleine Spitze gegen Vegetarier konnten sich die beiden Weltanalytiker nicht verkneifen: »Mit

Verlaub der Herren Vegetarianer, der Mensch ist nicht ohne Fleischnahrung zustande gekommen.«[27]

In der Anthropologie scheint zumindest diese Behauptung wenig angefochten zu werden. Auch der Gastrosoph Antonius Anthus, Zeitgenosse von Marx und Engels, würde sich mit seiner Haltung bei der derzeit verbreiteten nivellierenden Ethik wenig Freunde machen: »Mit welchem Hochgefühl kann der Mensch auf die Wesen unter ihm herabschauen!«[28] Zu diesem materialistischen Ansatz gehört auch die »Jäger- und Sammler-Theorie«. Ihr zufolge soll sich bis vor etwa 10 000 Jahren, also bis zur Entwicklung einer ansatzweise systematischen Landwirtschaft, schon eine stark geschlechtsspezifische Nahrungsbeschaffungsstrategie nach Fleisch jagenden Männern und Kräuter sammelnden Frauen entwickelt gehabt haben.

Eher idealistisch veranlagte Anthropologen sehen dagegen in der Form der Nahrungsaufnahme ein Zeichensystem. Man verhält sich (in diesem Fall *isst* man) und bringt damit eine bestimmte Symbolik zum Ausdruck. Wenn ich's mir recht überlege, tendiere ich im Moment eher dazu, mich dieser Betrachtungsweise anzuschließen. Theorien von vermeintlich zwangsläufigen Abläufen interessieren mich weniger als solche, bei denen eine – wenn auch unbewusste – Symbolfunktion zum Tragen kommt. Ich habe Kunstgeschichte studiert, da lernt man, so zu denken.

Obwohl hier das *Koch*verhalten von Männern im Vordergrund steht, nicht deren Ernährungsverhalten, ist es doch wichtig zu wissen, was und wie viel von wem verspeist wird. Alle Deutschen, also auch alle Babys und alle Vegetarier mitgerechnet, verzehren pro Jahr nach Auskunft des Fleischerhandwerks (und die müssen es wissen!) 40,1 Kilogramm Schweinefleisch, 10,7 Kilogramm Geflügel, 8,5 Kilogramm Rind- und Kalbfleisch und noch ein paar andere Fleischsorten.[29] Wenn Sie höhere Zahlen kennen als insgesamt 61,6 Kilogramm Gesamtverbrauch, liegt das wahrscheinlich an Folgendem: »Tatsächlich zum menschlichen Verzehr gelangen … nur etwa zwei Drittel dieser Menge, da vom Schlachttierkörper wesentliche Teile wie Knochen, Sehnen oder Schwarten entweder nicht verzehrsfähig sind oder als Fette und sonstige Rohstoffe zur Weiterverarbeitung in die chemische Industrie gelangen. Darüber hinaus werden erhebliche Teile der verzehrfähigen Menge an Fleisch und Innereien direkt an Tiere verfüttert oder gehen in die industrielle Tierfertignahrungsproduktion.«[30] Ich finde, das lässt eine gute Verwertung der geschlachteten Tiere erkennen, die ihr Leben nicht nutzlos gelassen haben sollen.

Tatsächlich stieg der Fleischverzehr seit 1950, wo er 26,2 Kilogramm betrug, bis 1995 auf 61,8 Kilogramm, blieb aber seitdem auf diesem Niveau. Dabei hatte ich den Eindruck, ich träfe mehr und mehr Leute, die mir gegenüber behaupten, »nicht immer Fleisch essen« zu müssen und dass sie »nur ab und zu ein gutes Stück Fleisch« verzehrten, vorwiegend wenn ich es zubereitet habe. Diese Aussagen machen allerdings ausnahmslos Frauen. Von Männern habe ich so etwas noch nie gehört.

Ich kenne offensichtlich keinen repräsentativen Anteil der deutschen und europäischen Bevölkerung.

Dafür kenne ich ein Institut, das fast 20 000 Menschen genau zu diesem Thema befragt hat. Sie wissen, ich bringe Statistiken viel Vertrauen entgegen. Die *Nationale Verzehrsstudie II*[31], veröffentlicht 2008, bildet da keine Ausnahme. Für diese Studie wurden 19 329 Interviews mit Menschen geführt, die zwischen 14 und 80 Jahre alt waren. Was herauskam, war nicht erstaunlich, und bisherige Annahmen konnten damit klar als Tatsachen belegt werden.

Männer verzehren etwa 103 Gramm Fleisch und Wurst pro Tag. Das ist doppelt so viel, wie Frauen davon essen. Außerdem wurde der männliche Unwille dokumentiert, Gemüse, geschweige denn Obst zu essen. Jetzt kommt's aber: »48,7 Prozent der Deutschen kochen nach eigener Einschätzung ›sehr gut‹ bis ›gut‹.«[32] Von Bescheidenheit keine Spur. Man könnte das für typisch männliches Prahlen halten, das Überraschende ist jedoch: Für gute bis sehr gute Köchinnen halten sich zwei Drittel der Frauen, genau 65,2 Prozent, aber nur ein Drittel der Männer, genau 31,9 Prozent, schätzen ihre Kochfähigkeiten mit sehr gut bis gut ein. 39,4 Prozent der Männer geben sogar zu, gar nicht gut kochen zu können, aber nur 6,4 Prozent der Frauen tun das. Frauen aller Altersgruppen behaupten zudem, sie hätten zu 84 bis 93 Prozent sechs vorgegebene Gerichte alle bereits selbst zubereitet, während Männer nur zu 33 bis 61 Prozent behaupten, die sechs Gerichte schon einmal geköchelt zu haben.[33] Was sagen uns diese Zahlen unter Berücksichtigung der Möglichkeit, dass eine der Bevölkerungsgruppen mehr lügt als die andere?

Der Mann isst Fleisch, die Frau ist Fleisch

Bevor Sie mich wegen dieser Überschrift steinigen, hier mein Bekenntnis: Ich habe sie geklaut. Eigentlich habe ich sie aus zwei aufeinanderfolgenden Kapitelüberschriften einer Kollegin zusammengesetzt.[34] Nan Mellinger schildert in diesen beiden Kapiteln die durchaus nachweisbare Tätigkeit von Frauen als Jägerinnen. Weitverbreitet und vor allem lange scheinen sie diese Aufgabe aber nicht gehabt zu haben. Die meisten Untersuchungen zur Frühgeschichte berichten von einer klaren Rollentrennung von Jagen und Sammeln. Dabei habe das Verinnerlichen, also das Verspeisen des »Gegners«, möglicherweise eine magische Funktion erfüllt. Die Arbeitsteilung von Jagen und Sammeln habe zudem, jedenfalls in prähistorischer Zeit, die Zuweisung der beiden Geschlechter zu unterschiedlichen Ernährungsweisen, nämlich pflanzenbetont und fleischbetont, zur Folge gehabt.

Die These ist extrem umstritten. »Auch in unserem Kulturkreis«, so beschreibt es Nan Mellinger, »ist das Bemühen, die Geschlechterdifferenz durch Bezugnahme auf natürliche Kategorien zu definieren, von der Einteilung Mann/Tier versus Frau/Pflanze geprägt. So ist nach Hegel der Unterschied zwischen Mann und Frau »der des Thieres und der Pflanze: Das Thier entspricht mehr dem Charakter des Mannes, die Pflanze mehr dem der Frau, denn sie ist mehr ruhiges Entfalten, das die unbestimmtere Einigkeit der Empfindung zu seinem Principe erhält.«[35] Ich habe das noch einmal in meiner Hegel-Ausgabe nachgelesen, weil ich es einfach nicht glauben wollte.[36] Hegel schreibt da allerlei Dummes über die Familie, die Ehe und die seiner Meinung nach natürliche Rollenverteilung der Geschlechter. Damit Sie nicht behaupten, ich würde Hegel zu Unrecht kritisieren, hier ein kleiner Auszug: »Frauen können wohl gebildet seyn, aber für die höheren Wissenschaften, die Philosophie und für gewisse Produktionen der Kunst, die ein Allgemeines fordern, sind sie nicht gemacht. Frauen können Einfälle, Geschmack, Zierlichkeit haben, aber das Ideale haben sie nicht.«[37] Und *das* ging vor 200 Jahren noch als Philosophie durch! Dann kommt der Quatsch mit dem Tier und der Pflanze.

Sagen Sie jetzt bitte nicht, das müsse man im historischen Kontext betrachten. Ich sage Ihnen: Hegel hatte von Frauen *gar keine Ahnung*! Und von Männern übrigens auch nicht. Also, was mischt er sich ein?!

Was nicht ganz überholt ist: Männer sind laut Hegel diejenigen, »die die Herrschaft über die Fleischvorräte ausüben, sie erjagen, beschaffen und hauptsächlich konsumieren«.[38] Trotzdem sollte man sich, wenn es um Rollenverteilung geht, nicht so stark auf den unkundigen Philosophen Hegel berufen wie Frau Mellinger: »Die Ar-

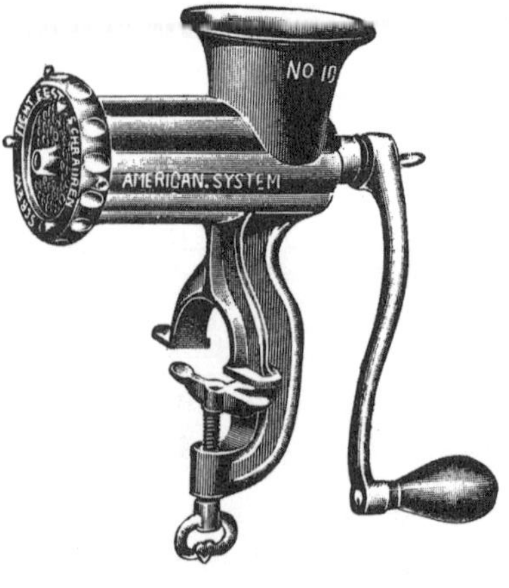

Fleischhackmaschine, prima, amerikanisches System, fein blank verzinnt. Leistung per Minute 1¼ kg. Wursttrichter, Messing vernickelt, Messer, Lochscheibe.
Mit so einem Fleischwolf drehen Sie ganz schnell durch. Wie gesagt: 1¼ Kilo pro Minute.

beitsteilung der Geschlechter in häusliche und öffentliche Aufgabenbereiche macht das Kochen zunächst zur Angelegenheit der Frauen. Wenn es jedoch um die Speisezubereitung für prestigevolle Anlässe geht, wird man meist einen Mann hinter dem Herd antreffen.« Und: »Bereits in der antiken Mythologie war die Zubereitung des Fleisches Männersache. Nicht nur kochten die Soldaten und Feldherren, sondern auch die Männer zu Hause, wie man in der Odyssee nachlesen kann.«[39]

Gut zu wissen, aber der heutige soziale Status eines kochenden Mannes wird wohl kaum mit dem der Argonauten in Zusammenhang gebracht werden können.

»Ich muss gar nicht immer Fleisch essen, es kann auch mal ein Steak sein«, ist einer der landläufigen eher mittelguten Witze. »Tofu tut's auch« ist schon eher ein Brüller, besonders in Herrenrunden. Tofu wurde nämlich nicht erfunden, um Fleisch zu ersetzen, sondern um Familien zu entzweien. Meine Frau sagt etwa (kurz und knapp): »Mach doch mal Tofu! Schmeckt wirklich gut und wir wollen doch sowieso weniger Fleisch essen.« Ich entgegne (ausschweifend wie immer): »Ja.« Meistens reicht ein gebrummtes »Hm«, um Ablehnung, ja Verachtung auszudrücken. Beim Thema Tofu lasse ich mich zu einer Ganzwort-Antwort hinreißen. Das ist aber auch alles, was mir zum Thema Tofu einfällt.

Dabei fällt anderen Leuten zu Tofu eine ganze Menge ein, vor allem, wie man aus der geronnenen Sojamasse etwas Schmackhaftes zaubert, das an Fleisch erinnert. Ich kann nichts dagegen sagen, außer dass ich von keiner pflanzlichen Speise weiß, die irgendjemand bisher versucht hat, durch Fleisch zu ersetzen.

Ich fürchte, ich bin durch und durch Mann und werde mit diesem Rollenbild bis zu meinem Ableben zurechtkommen müssen.

Boystoys – Männer geben für Küchengeräte eine Mörderkohle aus

Es sind augenscheinlich vorwiegend Frauen, die in der Küche allerlei hilfreiches Gerät benutzen, vom Zwiebelschneider über den Kaffeekapselständer bis zur Spülbürste mit Spülmittelfüllungsgriff: Ein unbedachter Druck auf den Griff und schon kommt vorn ein weiterer unnötiger Spritzer Spülmittel zwischen die Borsten. Schönen Gruß an die Fische! Dieser Krimskrams ist Hanna Dietz, die ein *Lexikon der unnützen Küchengeräte* geschrieben hat, durch die Lappen gegangen.[40] Ha! Ansonsten gebührt ihr die Ehre, eine Unmenge überflüssiger Gerätschaften aufgespürt und beschrieben zu haben. Aristoteles hätte die Nerven in der Hand gehabt, wenn er gesehen hätte, mit welchem Kokolores heutzutage Küchenschubladen verstopft werden. Schon die wenigen Dinge, die ihn umgaben, ließen ihn aufseufzen: »Was es alles gibt, das ich nicht brauche!«

Einer verbreiteten Unterstellung zufolge sind es vor allem Frauen, die sich ihren Küchenalltag mit derlei relativ preiswertem Schnickschnack interessanter gestalten und Schubladen verstopfen. Nehmen wir den erwähnten Zwiebelschneider. In Wahrheit verwendet man dieses »total praktische Gerät« natürlich nicht, weil irgendjemand einmal die Erfahrung gemacht hat, dass es total praktisch sei (Zwiebeln werden damit eher zermatscht als zerschnitten), sondern weil das Saubermachen enorm viel Zeit in Anspruch nimmt und damit das Leben interessant macht. Küchengeräte, die vorwiegend von Frauen verwendet werden, können aber auch raumgreifender und zeitvertreibender sein.

Was machen Frauen, wenn sie zu viel Zeit haben? Genau: Sie bereiten selbst und ohne den geringsten Anteil an vorgefertigter Ware Pizza zu und hoffen, dass ihre Lieben den Aufwand zu schätzen wissen. Sie dörren allerlei Früchte, kochen sie in Gläser ein, quetschen aus ihnen das letzte Tröpfchen Saft heraus, züchten Joghurt- und Kefirkulturen, lassen Sprossen sprießen, plätten und mahlen Körner, verbacken und verklumpen sie zu so etwas wie Brot. Für all diese Tätigkeiten gibt es natürlich Gerätschaften, die in der Küche herumstehen, um die mögliche Autonomie der Lebensmittelzubereitung zu beweisen. Wie oft all diese Geräte tatsächlich verwendet werden, tut nichts zur Sache. Wie oft die Alfalfa-Sprossen ungenießbar, weil von Schimmel überzogen sind, schon gar nicht. Hauptsache, man hat die ganzen Gerätschaften und könnte sie bei Bedarf einsetzen und damit autonom wirtschaften. Zeit, die man sonst vor dem Fernseher verbringen müsste oder bei einem Gespräch mit Freundinnen, schnurrt durch den Einsatz von Press- und Dörr- und Plätt- und Schrot- und Backautomaten schon fast greifbar zusammen, vor allem durch die Zeit, die man zum Saubermachen benötigt.

Männer, heißt es, fahren stärkere Geschütze auf, vor allem teurere. Ich habe bei einigen Männern nachgefragt und erstaunt festgestellt: Es stimmt. Mit Kinkerlitzchen halten sich Männer gar nicht erst auf. Sie verplempern ihre Zeit lieber mit Maschinen, die echt *hightech* sind, so *high*, dass Männer davon fast in Rauschzustände geraten.

Thomas Rombach, mit dem ich für ein Hörbuch ein kleines Interview aufnehmen durfte[41] (die Werbeeinblendung ist hiermit beendet), ist Diplom-Ingenieur und als Tontechniker mit technischem Gerät bestens vertraut. Er hat sich »für eine Mörderkohle« (meine Ausdrucksweise) ein Küchengerät zugelegt, das er selbst für »verhältnismäßig teuer« hält: einen *Pacojet*. Laut Hersteller wurde das Gerät »in Zusammenarbeit mit Spitzenköchen aus aller Welt« entwickelt, wobei die üblichen Verdächtigen, vorwiegend aus Spanien, genannt werden. Der Hersteller

Butterformen, rund, Ahorn, fein gedreht und gestochen, mit Blumen.
Was Sie hier sehen, sind natürlich KEINE Boystoys, sondern echte Girlstoys, Küchengeräte, die zwar genauso unnütz sind wie Boystoys, aber um das Hundert- bis Tausendfache billiger. Männer bevorzugen in der Küche Geräte, die eher fürs Labor entwickelt wurden. Macht mehr her, gibt mehr Anerkennung, besonders von Männern.

regt zur Anfertigung von Kräuterkonzentraten und Suppen mit diesem Gerät an. Eigentlich aber kann man mit so einem Maschinchen vorwiegend zwei Speisen anrichten: Sorbets und Eiscremes. Gefrorene Früchte werden mit 2000 Umdrehungen in der Minute in Schichten von weniger als zwei Mikrometern abgefräst. Das sind zwei tausendstel Millimeter. Ich finde, dicker dürften die Späne auch nicht sein, oder? Dabei erhitzt sich die ursprünglich auf -20 Grad gekühlte Masse auf -12 Grad, die ideale Verzehrtemperatur. Sorbets schmecken damit so, wie Sorbets schmecken sollten. Dazu können außer selbst zubereiteten Früchten laut Werbefilm natürlich auch gekauftes Fruchtmark oder Eispulvermischungen (das billigste erhältliche Zeug) verwendet werden. Am Ergebnis ändern die Ausgangsmaterialien nichts. Dass die Reinigung des Geräts mit dreimal 60 Sekunden gegenüber dem eigentlichen Einsatz von 20 Sekunden unproportional lang dauert, kann echte Männer nicht stören. Das ist schließlich bei fast allen Männerspielzeugen so.

Um auf's leidige Thema Geld zu sprechen zu kommen: Das nackte Grundgerät eines Pacojets, mit dem allein man überhaupt nichts anfangen kann, kostet, halten Sie sich fest, derzeit 3378 Euro (Preisliste 2011). Da kommen natürlich noch ein paar unbedingt notwendige Maschinenteile hinzu: Pacossierflügel (so nennt der eitle Hersteller das rotierende Messerchen), Spritzschutz, Schutzbecher, Spüleinsatz, Reinigungsbürsten, Becherdichtung, Spatel, Betriebsanleitung (einzeln berechnet mit 14,50 Euro!), ein Rezeptbuch, Pacossierbecher, Becherdeckel, Zweiblattmesser, Vierblattmesser, Schlagscheibe und ein Messerhalter mit Magnet. Zusammen für 1944,50 Euro. Gerät und Teile *summa summarum* 5322,50 Euro. Das alles natürlich exklusive Versand und sofort zu zahlen. Kein Wunder, dass Thomas Rombach das Gerät auf dem Gebrauchtmarkt erstanden hat. »2000 Euro«, schwärmt er mir vor, »ein echtes Schnäppchen!«

Sein erstes Sorbet fand er selbst: »Na ja, nicht übel.« Es komme eben auf die Zutaten an. Mit fertigem Fruchtmark habe er die besten Ergebnisse erzielt. Diese Sorte Hightech-Fertignahrung (meine Polemik) sei günstig und werde, so seine Insiderinformation, auch in der Sternegastronomie verwendet. Ich hab's befürchtet. »Reine Frucht« sei das, »mit nur neun Prozent Zucker«. Na ja, neun Prozent Zucker sind eben fast neun Prozent Preisersparnis. Thomas Rombachs bisherige Eigenkreationen sind Snickers-Milchspeiseeis, Sorbets aus Minze, Cassis, Mango, Banane-Joghurt und, im herzhaften Bereich, Bärlauchpesto, Rauchlachscreme mit Käse, Paprikasoßen, alles Pürees, die er mit einem normalen Mixer so nicht hätte herstellen können. »Faszinierend«, schwärmt er, »was man damit alles machen kann!«

Ich wundere mich, wofür Techniker sich so begeistern können. Und wie kommen diese Speisen bei seinen Freunden und Bekannten an? »Nicht alle interessieren sich für den Hightech-Kram«, klingt er etwas traurig, »die Hauptsache ist für sie, es schmeckt.«[42]

Banausen! Mit seinem Pacojet ist Thomas Rombach auf jeden Fall auf der sicheren Profiseite. Kein Mensch wird ihn mehr als Hobbybrutzler bezeichnen. Selbst ein echter Kerl wie Anthony Bourdain hat einen Pacojet.[43] Also bitte!

Der Pacojet (ich weiß gar nicht, ob der Name rechtlich geschützt ist und ich dahinter jeweils ein kleines R im Kreis schreiben sollte), dieses Maschinchen also ist, auch wenn es wie ein Laborgerät aussieht, tatsächlich für Küchen gemacht. Beim Kosten-Nutzen-Verhältnis schneidet es jedoch vergleichsweise schlecht ab, zumindest nach den Maßgaben der Technikfetischisten. Zu billig, zu nützlich, zu nachvollziehbar.

Wer als Küchenkasper wirklich dick auftragen will, braucht einen *Rotationsverdampfer.* Ich wusste bis vor Kurzem nicht einmal, dass es so etwas gibt. Ich bin schließlich kein Chemiker, kein Laborant und, das hoffe ich zumindest, nicht einmal ein Küchenkasper. Als solcher würde ich mich auf der Suche nach dem nächsten Kick nämlich nicht in anderen Küchen und auch nicht auf Märkten herumtreiben, sondern in Chemielaboren. Da stehen überall Rotationsverdampfer herum, tun gute und sinnvolle und nützliche Arbeit und bereichern die Welt mit Erkenntnissen darüber, was passiert, wenn man etwas destilliert. »Das muss ich haben!«, scheint irgendein auf Innovation bedachter Koch beim Stöbern in einem Labor ausgerufen zu haben. »Ach das Ding«, wird der befreundete Chemiker da gesagt haben, »steht hier schon seit Jahren herum. Weiß gar nicht mehr, wozu wir das mal angeschafft hatten. Nimm's mit, aber pass auf, wenn sich darin Alkohol zu stark konzentriert. Kann explodieren.« »Nein, nein, kein Alkohol«, wird da der experimentierfreudige Koch geantwortet haben, »mir schweben ganz andere Aromenexplosionen vor.« Echte Männer unter Köchen reden so.

Ein Rotationsverdampfer besteht aus einem Heizbad, einem Rotationsantrieb mit Verdampferkolben, einem Kühler, einem Vakuumsegment und einem Auffangkolben. Lösungen können damit zu Aromakonzentraten eingedampft werden. Für Molekularköche und solche, die es gerne wären, »ein Traum«. So ein Traum ist allerdings nicht ganz billig, im Laborbedarfshandel sind solche Geräte jedoch gebraucht schon ab 1000 Euro zu haben.

Aber wir sind noch nicht fertig. Außer dem Pacojet und dem Rotationsverdampfer gibt es noch Schüttelwasserbäder, Tiefkälte-Umwälzthermostate, Wärmethermostate, den Isi Whip, Entsafter, Zentrifugen, Dörrgeräte, Gefriertrockner, den Thermomix und den Smoker. Und was macht man damit? Vorwiegend Schäume und Aromen. Eins nach dem anderen:

Ein *Schüttelwasserbad* aus Edelstahl, LED-Display inklusive, sollte auf jeden Fall über Mikroprozessor-Technik mit PID-Temperaturregelung verfügen, damit in den Aufheizphasen keine Überschwinger entstehen und eine optimale Temperaturkonstanz gegeben ist. Jetzt bitte so tun, als sei das ja wohl das Mindeste. Dabei haben Sie natürlich kein Wort verstanden.

Bei *Wärmethermostaten* handelt es sich eigentlich um Wärme- und Kältethermostate. Firmen, die solche Maschinchen für den Laborbedarf herstellen, sprechen von »hochdynamischen Temperiersystemen«. Ihr Arbeitstemperaturbereich reicht, jetzt halten Sie sich fest, von -40 Grad bis +250 Grad. Bei der Zubereitung von Speisen braucht kein Mensch so ein Präzisionsgerät, außer man wolle behaupten, den eingefrorenen Ochsenschwanz über 48 Stunden kontinuierlich auf 74,83 Grad hochgeheizt zu haben.

Wenn Sie Powerdrinks wie Cranberry-Kombucha-Saft oder einen Kirsch-Kokos-Smoothie herstellen wollen, kommen Sie als echter Freizeit-Küchenchef mit einem Entsafter wahrscheinlich nicht weit. Eine *Zentrifuge* muss da schon her. Da reicht aber eine Mini- oder Mikrozentrifuge, im Laborbedarf so um die 350 Euro zu kaufen, gebraucht 100 Euro billiger. Damit nutzen Sie die bei einer Drehbewegung auf Gemische mit unterschiedlicher Teilchengröße einwirkende Fliehkraft. Die Bestandteile unterschiedlicher Dichte werden bei etwa 3000 bis 18 000 Umdrehungen voneinander getrennt. Echt gut für den Kokos-Kohl-Cocktail, weil es dessen Bestandteile so zerfetzt, dass man das Ergebnis glatt für ein Getränk halten könnte.

Wissen Sie, was ein *Intensifier* ist? Das Gerät kommt ausnahmsweise einmal nicht aus dem Laborbereich, sondern aus dem der industriellen Lebensmittelproduktion. Man braucht so ein Teil bei der Herstellung von Fertigsuppen, Milchpulver und Fertigkakao. Homogenität und Lösbarkeit in heißem Wasser sind da ganz wichtig. Andererseits dürfen trockene Gemüseteile und Croûtons nicht zerhäckselt werden. Und wie schafft man das? Mit einem Hochgeschwindigkeitsquirl für feste Gegenstände. Da bleibt kein Klümpchen übrig. Die Trockengemüse und die Croûtons dürfen natürlich erst später dazugegeben werden. Bei 750 Umdrehungen pro Minute werden auch kleinste Fettmoleküle dauerhaft in der jeweiligen Masse verteilt. In 500 Kilo Suppen-Trockenmasse etwa in sieben Minuten. Da kann man nicht meckern. Bei Instant-Pulvern ist es wichtig, die feinen Puder wieder zu größeren, aber leicht auflösbaren Klümpchen zusammenzupappen. Zwischen diese größeren Klümpchen kann leichter Flüssigkeit fließen und in jedes einzelne poröse Klümpchen eindringen. Nur so ist der gefürchtete Zusammenklumpeffekt von Mehlschwitze zu verhindern. Wenn Sie also keine Tütensuppe, kein Milchpulver und keinen Fertigkakao herstellen wollen, sondern ein gut lösbares Pulver von – sagen wir mal – Hummerschwänzen, muss so ein Intensifier in Ihre Männerküche!

Und eine *Gefriertrocknungsanlage* muss natürlich auch her! Ein Boystoy der Extra(preis)klasse. Die Firma Hosokawa Micron im holländischen Doetinchem behauptet von sich, sie habe Erfahrung im Gefriertrocknen von Bakterien, Enzymen, pharmazeutischen Produkten, probiotischen Erzeugnissen, Polymeren, Salzen, Keramik, Kalkstein, Backhefe, Hefe, Brüheextrakten, Schimmelpilzen, pflanzlichen Extrakten, Glaspulver, Gemüse, Lipiden, Insekten, Acryllösung, arzneilich wirksamen Bestandteilen, Milch, Milchderivaten, Nanomaterialien, Katalysatoren, Suppe basierend auf Getreidekörnern, Geliermitteln, Aromen, Zellulosefasern, Proteinen etc.[44] Ich finde das sehr beeindruckend. Da können Sie übrigens so eine Gefriertrocknungsanlage auch gebraucht kaufen. Ich habe da mal freundlich nachgefragt, was so eine Maschine kostet. Mattijs Raadsen hat mir ganz vorsichtig geantwortet.[45] Was er mir auf jeden Fall mitteilen konnte, war, dass ich schon bei einem kleinen System für ein paar Liter Trockenendprodukt mit ein paar zehntausend Euro nicht auskommen würde. Er schätzt, dass die Anlage zwischen hundert- und fünfhunderttausend Euro kosten wird. Ich hab' ja nur mal nachgefragt! Spanische Avantgarde-Köche behaupten gleichwohl, sie würden mit Gefriertrocknungsanlagen arbeiten. Vielleicht kriegt man die in Spanien ja billiger, vielleicht so für zwei- bis dreihunderttausend.

Mit ganz entschieden weniger Geld kommen Sie aus, wenn Sie es stattdessen mit einem *Exsikkator* versuchen. Auf das Ding machte mich ein Chemiker aufmerksam, der sein Labor zur Küche oder seine Küche zum Labor umfunktioniert hat, so ganz genau weiß er das auch nicht mehr und seine Frau traut sich in den Raum sowieso nicht mehr herein. Das klobige Glasgefäß hat einen Deckel mit geschliffenem, also gut dichtendem Rand. Getrennt durch ein grobes Keramiksieb, befindet sich in seinem unteren Teil ein Trocknungsmittel. Man verwendet Kalziumdichlorid, Phosphorpentoxid, Schwefelsäure oder Kieselgel. Das, was zu trocknen ist, steht in einer kleineren Schale oben auf dem Sieb. Laut den Pilztrocknungsexperten von www.zauberpilz.com dauert der Vorgang drei Tage, bis sie »ziemlich hart« sind, und weitere drei, bis sie »gänzlich trocken« sind. Das Ganze kann beschleunigt werden, indem man einen Vakuumexsikkator verwendet. Vorsicht: Implosionsgefahr! Obst, Kräuter, Gemüse, vor allem Pilze lassen sich damit knuspertrocken machen. Beim Servieren dürfen Sie dann nicht vergessen, den Begriff »Geschmacksexplosion« ins Gespräch zu bringen.

Jetzt zum *Thermomix*. Damit können Sie laut Angabe des Herstellers kochen, rühren, hacken, mixen und, jetzt kommt's: »Vieles mehr«! Das Ding mixt und erhitzt oder es erhitzt und mixt oder es macht alles gleichzeitig oder in Intervallen. Zwischendurch rührt es dann noch, knetet und dampfgart und wiegt. Es sieht aus wie ein elektrischer Wasserkocher mit einem Wok obendrauf. Das, was ich für den Wasserkocher-Teil gehalten habe, ist aber der Mixtopf. Damit macht man Suppen, Vorspeisen, Fisch, Fleisch, Desserts, Getränke. Der Hersteller empfiehlt: »Lassen Sie Ihrer Kreativität in der Küche ganz ›einfach‹ freien Lauf.« Die Anführungsstriche vor und hinter »einfach« sind nicht von mir und deshalb halte ich das für eine Warnung: Achtung, Ihr Amateurbrutzler! Einfach ist hier gar nichts! Die stufenlose Drehzahleinstellung des Mixers reicht von 40 bis 10 200 Umdrehungen pro Minute. Nehme ich die Sanftrührstufe mit 40 Umdrehungen pro Minute oder drehe ich richtig auf? Oder ist vielleicht sogar Intervallbetrieb erforderlich? Ganz zu schweigen von der Frage »Rechtslauf oder Linkslauf?«. Sternekoch Dieter Müller hält so einen Thermomix für »eines der wichtigsten Küchengeräte seit der Erfindung des Feuers«. Preis? Derzeit um die 1000 Euro.

Der *Isi Whip* sei, berichtete mir einer, der sich damit auskennt, »nicht so der Brüller«, wenn man Spätzle damit mache. Auch von Linsen-Espumas riet er ab. Ansonsten empfahl der Fachmann das Wunderwerk für Nachspeisen (etwa Marzipanmousse), Vorspeisen und Schaumsuppen. Ein Isi Whip ist nichts anderes als ein unter diesem Firmennamen verkaufter Sahneaufschäumer. Er funktioniert mit N_2O, Distickstoffoxid, und wird von experimentierfreudigen Köchen etwas zweckentfremdet. Aber nur etwas. Was man aufschäumt, ist schließlich jedem freigestellt. Wie lange die jeweiligen Schäume halten, ist vorwiegend von der Menge des zugesetzten Schaumstabilisators abhängig. Die Schäume werden von den Aufschäumfreunden gerne »Espumas« genannt. Klingt irgendwie schicker: Tomatenespuma, Joghurt-Weiße-Schokolade-Espuma, Kräuterespuma, Sauce-Hollandaise-Espuma.

Noch ein klassisches Boystoy: *der Smoker*. Weil er eng mit der Unterkategorie Grillen zusammenhängt, werde ich mich im Kapitel »Grillen« über den Smoker lustig machen. So viel sei aber hier schon verraten: Diesen ganzen Unfug brauchen Hobbykochkünstler fürs Ego. In der Küche eines ganz normal kochenden Mannes hat er natürlich überhaupt nichts zu suchen. Der kommt mit einem Mixer älterer Bauart wunderbar zurecht.

My kitchen is my castle

Bon. Mietskasernen trugen ihren wenig charmanten Namen vollkommen zu Recht. Im ausgehenden 19. Jahrhundert trugen sie aber immerhin dazu bei, die Wohnungsnot der in die Städte drängenden Landbevölkerung etwas zu mildern. Die Küchen in diesen Mietskasernen waren zu klein, um sich darin mit einer ganzen Familie aufhalten zu können, von einem Tisch, um den sich die Familie versammelte, ganz zu schweigen. Arbeitsteilung zog deshalb auch in die Küche ein. Die Frau arbeitete in ihrem »Reich«, das allerdings eher »arm« ausgestattet war. Die von Grete Schütte-Lihotzky 1923 entwickelte »Frankfurter Küche« war da schon ein großer Schritt: funktionale Aufteilung der Lager- und Arbeitsbereiche. Über das »Reich der Frau« war zumindest einmal nachgedacht worden. Die »Frankfurter Küche« setzte sich in Deutschland nach dem Zweiten Weltkrieg in Form der Kochnische massenhaft durch. Meine Eltern klagen noch heute über diese Kochnische, die sie nach dem Prinzip des angeblich rationell geplanten Arbeitsraums in ihr Eigenheim einbauten. Zwei

Personen in diesem Kabuff sind eine zu viel, und selbst eine Person kann sich darin nur mit viel Geschick bewegen.

Als Otl Aicher 1982 seine Kritik am Funktionalismus solcher Küchen anbrachte, stimmte es sicher noch, »dass sich fast ausschließlich Männer mit dem Design von Küchen beschäftigen und zudem solche, die das Kochen den Frauen überlassen«. Eine Küche, in der sich nur eine Person, nämlich die Frau, aufhalten kann, bezeichnete er sicher nicht ganz zu Unrecht als »Indiz für eine schikanöse Männerwelt«.[46] Putzigerweise ging Aicher noch 1982 von einer

Fleischmulden, Stahlblech, fein verzinnt, prima Qualität mit gewölbtem Boden.
Da hat man also einen ganzen Satz Fleischmulden, aber der muss auch irgendwohin. Am besten in eine ideal eingerichtete Küche ohne gewölbten Boden.

schon damals überholten Arbeitsteilung aus: »Eine Frau ist nur Frau, ein Mann tut nichts mehr, außer seinem Beruf nachzugehen.«[47] Ihm gereicht es allerdings zur Anerkennung, sich in seiner privaten Küche über die Normhöhe für Arbeitsplatten hinweggesetzt zu haben. Damals lag sie noch pauschal bei 84 Zentimeter. Ganze zwölf Zentimeter höher montierte Aicher die Arbeitsplatte in seiner Küche und hatte fortan weniger Rückenschmerzen. Gut zu wissen: DIN 18022 vom November 1989 über Küchen, Bäder und WCs im Wohnungsbau wurde 2007 ohne Ersatz zurückgezogen. In der Praxis wird aber weiterhin nach dieser Norm geplant.

Jetzt, wo Küchen von Männern designt werden, die selbst kochen, ist der überkandidelten Gefallsucht kaum noch Einhalt zu gebieten. Wenn die nicht erwachsen werden wollenden Jungens sehr viel Geld haben, kaufen sie sich keine Spielzeuge mehr wie einen Pacojet, einen Thermaliser oder einen Smoker. Wenn sie sehr viel Geld haben, lassen sie sich eine Küche mit Porsche-Design in ihr Heim einbauen, die genauso auf die Raumbedingungen eingeht wie auf die Bedingungen des darin gelegentlich wirkenden Hobbykochs, als da wären Körpergröße, Linkshändigkeit, Hirnkapazität.

Wenn sie richtig, richtig viel Geld haben, lassen sie sich Küchen im Wert eines kleinen Jets einrichten. Erik Spiekermann ist Typograf, Schriftendesigner und damit Ästhet: »Die schlimmsten Küchen«, findet er, »sind diese Rustikaldinger mit nach Zufallsprinzip vom Computer gelaserten Astlöchern. Eine Küche ist doch was Archaisches, eine Feuerstelle, ein Werkzeug. Die darf keine Wohnästhetik ausstrahlen.«[48] Ein Minimalist. Und je einfacher eine Sache aussieht, desto schwieriger ist sie bekanntlich herzustellen, und dadurch wird sie meist ungeheuer teuer. Von Archaik und Feuerstelle ist trotz dieses Anspruchs auf Minimalität in der Küche von Erik Spiekermann nichts zu erkennen. Alles Edelstahl, und nicht eine Schweißnaht ist zu sehen. Für seine Küche, wohlgemerkt eine Privatküche, in der er sich und seinen Freunden gelegentlich etwas brutzelt, hat er 100 000 Euro bezahlt. Die Küchen, die er in seinen anderen Wohnungen in Amsterdam, San Francisco und

London einrichten ließ, dürften nicht wesentlich billiger gewesen sein. Ja, ja, ich weiß: alles Neid. Aber wetten, dass in Herrn Spiekermanns Küchen nirgendwo eine Schranktür gaaaanz vorsichtig geöffnet werden muss, weil das Scharnier etwas ausgeleiert ist und die Tür deshalb herauszufallen droht? Daher und nur daher rührt mein Neid.

Solche perfekt funktionierenden Küchen im Haus ersetzen den hochrädrigen Geländewagen vor dem Haus, und wenn's einer nötig und genug Kohle hat, muss eben beides her, um Eindruck zu schinden. Auch Kücheneinrichter warten mit einer Prosa auf, die mich vor Neid fast platzen lässt: »Edelstahlfronten verschmelzen in Kombination mit farblich aufgewertetem Spiegelglas und gestalteten Edelholzeinfassungen, die sich harmonisch mit Marmor und Naturstein vereinigen. In diesem edlen Rahmen sind innovative Küchengeräte entweder unsichtbar verborgen oder zeigen sich als eindrucksvoller Hingucker. Effektvoll präsentieren sich Oberflächen in einem Luxusdesign, welches durch die Farbe Weiß einschließlich der Glaskeramikoberfläche des Kochfeldes geprägt ist oder im matten Aluminium bis hin zum Klavierlack modernste Küchengeräte aufwertet.«[49] Niemals werde ich so schön schreiben können.

Ich bezweifele aber, dass irgendjemand in diesen harmonisch vereinigten Materialorgien wirklich zu kochen in der Lage ist. Da fällt zwar keine Tür heraus, aber an dem Klavierlack sieht man jeden Fingerabdruck. Ich wäre da gehemmt. Man kann im selben Stil übrigens auch eine handelsübliche Kaffeemaschine und einen stinknormalen Toaster beschreiben: »Der digitale Kaffeeautomat mit Timerfunktion regelt selbstständig die gewünschte Kaffeestärke und die individuelle Aromarichtung. Mit automatischer Brot- oder Toastzentrierung und superbreiten Röstschlitzen sowie unterschiedlich einstellbarem Röstgrad für jede Seite zeigt sich der trendige Toaster mit einem leicht zu reinigenden und auswechselbaren Krümelsammelbehälter.«[50] Ich bin begeistert. Jeder Mann wäre wohl froh, solche Geräte zu haben. Männer spielen eben gern, auch in der Küche.

Und Frauen? Die dürfen in solche Küchen gar nicht erst rein.

Der Traum aller (kochenden) Männer ist die gut durchdachte Küchengerätekombination im Film *Zurück in die Zukunft III*. Dr. Emmet Brown, der leicht verrückt erscheinende Erfinder der Zeitmaschine, hatte während einer Zeitreise 1885, also lange vor seiner Geburt, eine Frühstücksmaschine erfunden: Sobald die Kuckucksuhr auf 7 springt, öffnet sich eine Klappe unter einem Käfighuhn, ein Ei rollt in eine Keramikschüssel, das Ei wird zerschlagen und ohne Schale in eine Pfanne gekippt, die automatisch über eine Flamme fährt. Unter einer Kaffeekanne entsteht derweil ein weiteres Feuerchen, ein Toast wird am Faden aus einem Toaster gezogen und ein Schinkenstreifen wird in einer Auswringmaschine in die richtige Stärke gewalzt und in einer anderen Pfanne gebraten. Pingelige Filmfreunde meckern, dass das Vorhandensein eines Eis nicht kontrolliert wird, dass die Temperatur nicht hoch genug sein könnte, um Bakterien zu zerstören, und dass der Toast-Herausziehfaden in Brand geraten könnte. Noch

Pingeligere haben bemerkt, dass die Eier in der Pfanne sofort stocken, also weiß werden, obwohl die Pfanne erst danach über die Flamme gefahren wird. Probleme haben die Leute! Wenn das ganze Zurück-in-die-Zukunft-Konzept nur halb so gut durchdacht wäre wie diese Frühstücksmaschine, käme die Geschichte nicht so oft an ihre logischen Grenzen.

In diesem Zusammenhang ist auch die Küchengeräte-Sequenz des Kulturpessimisten Jacques Tati zu erwähnen. Kulturpessimisten gehen mir eigentlich auf den Wecker. Jacques Tati trägt aber so dick auf, dass ich seine Fast-Stummfilme schon wieder als Kritik am Kulturpessimismus zu werten bereit bin. In *Mon Oncle* von 1958 ist Tati in der hochmodernen Küche seiner Schwester leicht überfordert. Das *Lexikon des internationalen Films* hält die ganze Geschichte für eine »mit augenzwinkernder Ironie erzählte Satire, die dem kalten Komfort des materialistischen Lebens mit zärtlichem Humor und schmunzelnder Lebensweisheit begegnet«.[51] In solchen Nischen überleben Worte, wie »schmunzeln«. Der damals als vollkommen überzogen angesehene, voll automatisierte und klinisch reine Haushalt gilt mittlerweile als Normal- und Mindestausstattung von Küchen, auch von solchen, in denen Frauen kochen.

Eine noch übertriebener voll automatisierte Küche spielt eine Rolle in der Klamotte *Spion in Spitzenhöschen.*[52] Doris Day ist in der Küche ihres aufschneiderischen Geliebten komplett überfordert.[53] Ist eben eine Männerküche. Der auf Knopfdruck aus der Arbeitsplatte herausfahrende Quirl quirlt die Eier und reinigt sich danach unter dem fließenden Wasserstrahl selbst. Was auf den Boden fällt, wird vom automatischen Staubsauger sofort entfernt. Mittlerweile ist selbst das keine Zukunftsmusik mehr, sondern Alltag in vielen Haushalten, wahrscheinlich inklusive des Kampfs, wie ihn Doris Day mit dem Vorläufer dieser Geräte kämpfte.

Aber selbst die Knetgummifiguren Wallace und sein Hund Gromit haben die großartigen Gerätschaften, die Wallace zur Essenszubereitung erfunden hat, nicht vollkommen im Griff.[54] Natürlich funktionieren die Frühstücksmaschine und der automatische Chefkoch nicht so, wie es ihr Erfinder vorgesehen hat. Wo man hinschaut im Kino: überall Frühstücksmaschinen und Saubermachroboter. Michael Harles kennt diesen männlichen Hang zu technischem Schnickschnack: »Männer neigen zu Protz und Perfektion, wenn es um Hardware geht.«

Dann gibt es Küchengeräte, die von ihren Herstellern und von Händlern mit dem Versprechen angeboten werden, dass sie schon jetzt und wenn nicht jetzt, dann sicher in naher Zukunft als Kultobjekte betrachtet werden. Das sind fast ausschließlich knubbelige Runddesign-Dinge. Es gibt Toaster, Kaffeemaschinen und Geräte zum Kneten, Rühren, Mixen, deren altväterliche Gestaltung den Eindruck von Zuverlässigkeit erweckt und von denen deshalb behauptet wird, dass sie »das Potenzial zum Kultobjekt« hätten.[55] Viele davon gibt es auch in einem auf modernen Kitsch spezialisierten Kaufhaus für »die guten Dinge«.

Dieser Amateurschnickschnack hat natürlich nichts mit den sehr sinnvollen und auch sehr teuren Küchengeräten zu tun, die von Berufsköchen eingesetzt werden, wie Konvektomat, Kippbräter, Kochkessel, Kombidämpfer, Schockkühler, Salamander. Das sind Geräte, die man wohl nicht sehr häufig in Schickimicki-Privatküchen antreffen dürfte. Dafür sieht man in gewerblichen Küchen wohl selten Fünfhundert-Euro-Messer aus Japan. Die Erfahrung machte jedenfalls Gregor Weber in den vielen Küchen, in denen er aktiv mitkochen durfte. Und ich glaube ihm das.[56]

Echte Männer – Echte Flammen

Echte Kerle sind in der Lage, eine Flasche spanischen Cavas so zu öffnen, dass beim Entfernen der vorsintflutlichen Eisenklammer, die den Korken festhält, der Flaschenhals nicht zersplittert. Echte Kerle verwenden am liebsten Küchengeräte, die heiß, heißer, glühend heiß werden. Echte Kerle lassen sich nicht mit einem Elektroherd abspeisen. Gasherd, Grill, Lötlampe müssen schon her und darauf kommt ein Drucktopf und daneben ein Kombidämpfer. Das sind alles Geräte, die offene Flammen haben oder mit hohem Druck arbeiten. Echte Kerle stehen ständig unter Druck, und der muss raus. Warum ist

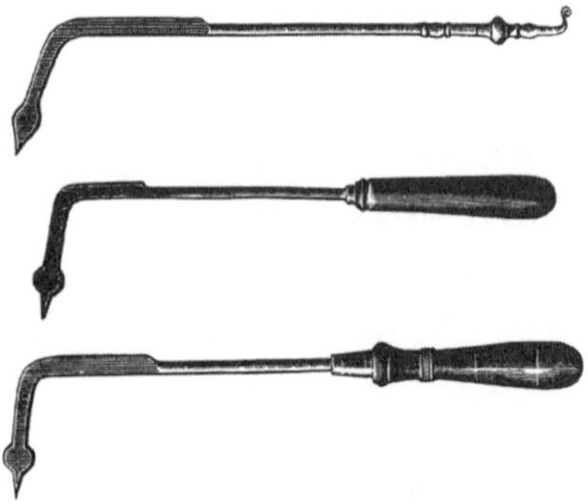

Feuerhaken, Stocheisen, Eisen geschmiedet mit façonnirtem Griff, mit schwarz polirtem Holzgriff oder mit feinem, polirtem Holzgriff.
Mit solchen Geräten haben Männer alles im Griff, seien sie façonniert, schwarz und poliert oder fein und poliert.

das so? Es hängt wohl mit den Erwartungen zusammen, die an Männer gestellt werden, von Frauen und von den Männern selbst.

Frauen wissen (außer wenn es um total romantische Kerzenarrangements geht) um die Gefahren, die von offenen Flammen ausgehen. Männer wissen es auch, würden das aber nie zugeben, weil sonst der Eindruck entstünde, sie hätten da etwas nicht im Griff. Und etwas im Griff zu haben ist die oberste Priorität bei der Erfüllung von Männlichkeitsklischees: viel zu schnelle Autos, viel zu steile Klippen, viel zu hohe Flammen. Bloß keine Angst vor der offensichtlichen Gefahr zeigen! Die Unfall- und Todesursachenstatistiken zeigen ein deutliches Übergewicht bei Männern, wenn es zu Unfällen und zum Ableben durch unterschätzte Gefahren kommt.[57] Einzige Ausnahme: Frauen unterschätzen die enorme Gesundheits- und Lebensgefahr, die von nicht erhitzten Speisen ausgeht. Sieht doch ganz harmlos aus, so ein Salätchen. Und was soll an diesen Sprossen schädlich sein?

Der Platz am Grill ist für den Mann reserviert

Ein Biotop für Pappteller-Gourmets. Männer finden nichts dabei, feinste marinierte Steaks auf Teller-Imitaten aus Pappe zu zerlegen. Hübsche Aufdrucke übersehen sie großzügig. Diese Teller-Imitate nehmen schon Schnitte mit einem Plastikmesser krumm: »Hauptsache, es schmeckt!« (Sehr dumpf und mit einem Bissen im Mund artikuliert.) In die Tellerwunden dringt die Marinade und bildet mit den Resten des Kartoffelsalats ein hübsches Muster. Die Frauen ergeben sich in ihr Schicksal und sind froh, dass »das gute Hutschenreuther/Rosenthal/Villeroy & Boch« geschont wird.

In den USA, dem Mutterland der ruppigen Fleischzubereitung, ist man sich nicht ganz einig darüber, ob diese Methode der Fleischverbrennung als Barbeque oder als Barbecue zu bezeichnen ist. Die Abkürzung BBQ deutet stark auf die erste Schreibweise als die angemessene. Leute, die nach der Herkunft des Wortes suchen, werden in vielen Sprachen weltweit fündig. Eine mir plausibel erscheinende Herkunft ist die vom spanisch-mexikanischen Wort *Barbacoa*, was »Holzrost« bedeutet. Aus der Karibik sei die Technik des Röstens über offenem Feuer dann mit Sklaven in die amerikanischen Südstaaten importiert worden. Ich finde das nicht völlig abwegig, wüsste aber gern, ob es in der Karibik auch von Frauen betrieben wurde. Ich vermute, eher nicht.

Die Faszination, die Männer fürs Grillen entwickeln, hat vor allem mit Erinnerung zu tun. Dazu braucht man nicht einmal einen Psychologen zu befragen. Es ist die Erinnerung an verbotenes Zündeln als Kind, an nicht erlaubte Feuerchen, Feuerchen am falschen Platz, Feuerchen, die sich ungeplant zu ausgewachsenen Feuern auswuchsen und für die man richtig Ärger kriegte, die aber auch richtig Spaß machten. Wenn beim Grillen auch fast alles, was das kindliche Zündeln ausmachte, gezähmt ist, so ist die Erinnerung daran doch noch wach und der Geruch legt im Kopf jeden Mannes den Schalter auf »Abenteuer« um. Männer, die behaupten, bei ihnen sei das nicht so, lügen. Grillen ist so einfach, dass es dem männlichen Vermögen ideal entspricht: Grillkohle in das neueste Angebermodell schütten, anzünden, die Glut nicht richtig in Gang kriegen, pusten, noch einmal pusten, sich entschuldigen, weil die Asche genau in Richtung Esstisch fliegt, Spiritus draufspritzen, abwiegeln, dass das schon gut gehen werde, weil man das schon tausendmal so gemacht habe, trotzdem angepflaumt werden: »Ja, ja, du kennst dich aus!«, kurz vor dem erzürnten: »Macht euren Scheiß doch selber« Erfolg beim Zündeln haben, dann endlich das Fleisch verbrennen, bis es nur noch den ganz Harten als genießbar erscheint.

Ich hatte versprochen, mich hier zum *Smoker* zu äußern. Deswegen mache ich das jetzt auch. Ein Smoker ist ein Holzkohlengrill, bei dem die Grillglut *neben* den zu räuchernden Lebensmitteln entfacht und deren Rauch in einem geschlossenen System über einen Kamin abgeleitet wird. So ein Smoker sieht aus wie eine Mini-Dampflok und die Rauchführung funktioniert auch so ähnlich, bloß dass bei einem Smoker anstelle der Rohre für die Dampferzeugung das zu räuchernde Grillgut liegt. Grill-Freaks geben sich der Hoffnung hin, durch eine Trennung von Glut und Grillgut die krebserregende Wirkung von Benzpyrenen auszuschalten. Das ist zwar richtig, weil kein Fett in die Glut tropfen kann, aber: Durch unvollkommene Verbrennung – und dadurch entsteht ja der Rauch – bilden sich zahlreiche bisher unerforschte kanzerogene, also krebserregende und Krebs fördernde Stoffe. Erforscht und bekannt sind derzeit etwa 200 organische Inhaltsstoffe, darunter Phenole, organische Säuren, Alkohole, Ester und

Carbonylverbindungen. Keine Angst vor chemischen Bezeichnungen der Lebensmittelinhaltsstoffe! Die sind schließlich in allen Lebensmitteln drin. Über die Gesundheitsgefahren von polyzyklischen aromatischen Kohlenwasserstoffen (PAK) wie Benzpyren, Benzfluoren und Benzanthrazen machen sich die Smoker-Freaks aber offensichtlich etwas zu wenig Gedanken. Die sind nämlich auch noch drin im Rauch, auch wenn kein Fett in die Glut tropft. Eine Holzkohlengrill-Mini-Smoker-Kombination mit seitlicher Brennkammer gab es neulich bei Lidl schon für 100 Euro. Für die Prestigesteigerung eines kochenden, in diesem Fall grillenden Manns ist so ein Smoker daher kaum noch geeignet.

Grillen ist eine ausgesprochen kreativitätsfördernde Zubereitungsmethode. Wo wird nicht alles drin und drauf gegrillt! Grillen im Metall-Blumenkasten? Möglich, aber doch wohl eher ein Scherz. Im Grilleimer? Gerne gemacht. Ich habe in Amerika welche gesehen. Ganz normale Blecheimer mit einem Rost oben drüber für 80 Dollar. Vielleicht waren diese Grilleimer auch nur deshalb so teuer, weil sie vorne einen Aufdruck »Grill« trugen. Man kann auch Aluschälchen verwenden, die schon mit Holzkohle befüllt verkauft werden. Damit habe ich einmal, weil ich nicht an die auch nach unten abgestrahlte Hitze dachte, einer Tischplatte ein hübsches Brandmuster verliehen. Oder man grillt über ausgeschlachteten Computer-Gehäusen. Oder in Edelstahl-Wäschetrommeln.

Ich aber sage: Kinkerlitzchen! Mumpitz! Spirenzchen! Auf Grillbooten auf der Müritz? Ach, hören Sie mir doch auf! Jede Mutter lobt ihre Butter und jeder

Grillhersteller behauptet, die Hobbypyromanen könnten nur mit und in seinem Produkt das einzig richtige Feuerchen entfachen. Für echte Feuerteufel muss es aber schon so ein Ungetüm sein, wie es sich Christa Reil, eine der wenigen Orthopädieschuhmachermeisterinnen Deutschlands, neulich basteln ließ. Sie schrieb mir, dass Oliver, ein befreundeter Tüftler, ihr einen »Hofdrachen« namens Norbert zusammengefriemelt habe.[58] Hofdrache Norbert besteht aus einem ausrangierten Bus-Dieseltank, also einem Blechkubus von fast einem Meter Kantenlänge, und einem Regenrohr, nochmals eineinhalb Meter lang und oben aus Norbert herausragend. Vorne hat Oliver ein Loch in den Tank reingeschnitten, in das – wie bei einem Pizzaofen – sowohl das Brennmaterial als auch das zu Verbrennende hineinkommt, also vorwiegend Fleisch. Auf und in dieser Konstruktion kann man grillen und kochen und braten. Dann schrieb mir Christa nach einem halben Jahr noch einmal: »Mein Hofdrachen Norbert wurde nochmals einem Feintuning unterzogen. Oliver hat noch einen Griff drangemacht und eine Grillstelle eingebaut. Kochen klappt super darauf. Da sieht man mal, wie man mit Abfällen etwas Sinnvolles bauen kann und eine riesige Freude damit hat.« Nett, aber bei mir fällt relativ selten ein Lkw-Tank als Abfall an. Dazu müsste ich mich wohl extra ins Alpenvorland begeben. Norbert steht nämlich in Pöttmes, faucht und fackelt und glüht so heftig und unkontrollierbar vor sich hin, wie es der echte männliche Grillfreund schätzt. Und die Christa auch.

Grillfreunde schließen sich, genauso wie Kochfreunde, gerne zu Zirkeln zusammen. Selten aber gibt es Gemeinsamkeiten zwischen Koch- und Grillfreunden. Entweder oder! Es gibt ja auch keine echten Kerle, die zugleich Sportwagen- *und* Corvette-Fans sind. Die gegenseitige Achtung beschränkt sich auf ein Mindestmaß: Kann man mit fahren, muss man aber nicht.

Einer der in Deutschland operierenden Grillvereine heißt »Grillsportverein«. Natürlich ist Grillen ein Sport, Schach ja auch! Da kommt man ganz schön ins Schwitzen und mit Kalorien hat es auch zu tun. Der Grillsportverein hätte es gerne, wenn man in ihm »die deutsche Referenzadresse für Outdoor-Küche« sehen würde.[59] Gut, tun wir ihm den Gefallen.

Leute, die beim Grillanzünden Spiritus verwenden, finden bei diesen Grillfreaks keine Anerkennung. Sie würden von ihnen nie eine *Licence to grill* erhalten. Spiritus stinkt, und das noch lange nach dem Anzünden. Die derart zum Glühen gebrachte Holzkohle ist zum Grillen kaum zu verwenden. Und es gibt noch einen weiteren Grund, keinen Spiritus zum Anzünden eines Grills zu verwenden. Sie ahnen, worum es geht. Die Deutsche Gesellschaft für Verbrennungsmedizin (DGV)[60] zählt in Deutschland jedes Jahr etwa 4000 Grillunfälle, 500 davon seien mit schweren Verbrennungen verbunden. Die Leute, also Männer, scheinen sich nämlich beim Grillen *extrem* dumm anzustellen. Die Verwendung eines Haartrockners zählt nicht zwingend zu den Dummheiten, sondern wird sogar vom Grillsportverein nicht prinzipiell abgelehnt. Doch wenn man zu nah mit einem Föhn ans Feuer geht, sieht der nachher oft windschnittig aus, vorne. Völlig übertriebenes Gekreisch der eigentlichen Föhn-Benutzerin ist zu erwarten. Eine elektrische Heißluftpistole oder ein Bunsenbrenner tun da schon bessere Dienste. Sie entzünden die Grillkohle ohne zusätzliche Gerüche und sind prima Sondergeräte, mit denen sich der Grillgeselle als echter Meister profiliert.

Diplomqualität erreicht man aber laut Grillsportverein beim Anzünden des Grills erst mit einem speziellen

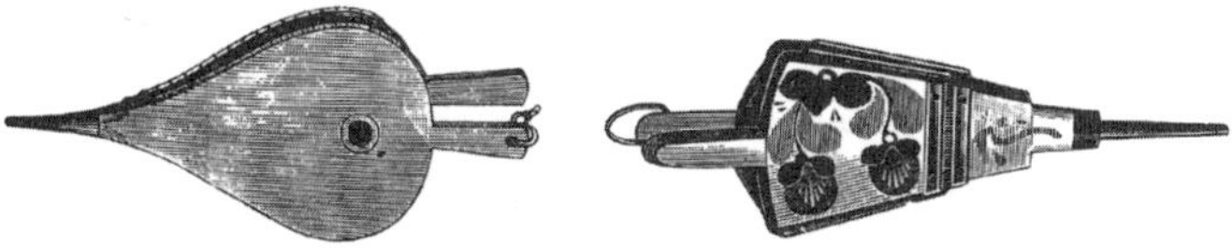

Blasebälge, mit Eisenrohr und farbigem Leder, Buchenholz, glatt, prima. Ganz sicher wissen Sie als Frau, wie man einen Grill anmacht: Sie fragen einen Mann. Der weiß das zwar auch nicht, aber er wird das nie zugeben und allerlei gefährliche Versuche starten und viel Rauch um nichts machen. Aber das kennen Sie ja schon aus anderen Bereichen.

Anzündkamin. Das Problem des Anzündens eines Grills liegt nämlich darin, dass die einmal glühenden Kohlen munter vor sich hin kokeln, ihre Hitze aber vorwiegend nach oben abgeben und die benachbarten Kohlestückchen um ein bisschen Wärme betteln müssen. In einem Anzündkamin glühen die Holzkohlestückchen dagegen wie in einem Kohleofen von unten nach oben durch. Die Kaminwirkung des tonnenartigen Geräts führt dazu, dass der gesamte Inhalt relativ gleichmäßig durchglüht und dann mit speziellen hitzeisolierten Griffen in den eigentlichen Grill gekippt werden kann. Die perfekte Schau. Kein Gestank. Gleichmäßige Glut. Anerkennung bei allen Gästen. Jedenfalls bei den männlichen.

Und jetzt ein paar Beispiele von echten Männern, die ihre jeweilige Grilltechnik zur Perfektion entwickelt haben. Bert Gamerschlag hat sie aufgetan und sie nach ihren Tricks befragt.[61] Manfred Zimmermann etwa grillt ganze Tiere am Spieß. Sein Trick: Er spritzt die essighaltige Marinade ins Fleisch. Eigentlich ist das kein spezieller Grilltrick. Er funktioniert bei jeder Art von Fleischzubereitung. Oder Adam Perry Lang: Er bereitet ganze Schweine in einer Grillkiste, in der das Grillgut nur von oben Strahlungshitze erhält. Auch er spritzt zuvor eine Lösung ins Fleisch, allerdings keine Marinade, sondern eine schlichte dreiprozentige Salzlake. Das zarteste Fleisch erhält der Sanftgarer Werner Wirth. Er nimmt nur einen Teil des Zubereitungvorgangs mit dem Grill vor. Die Marinade aus pulverisierten Gewürzen pinselt er nur auf die Oberfläche des Grillguts, dafür gart er es aber mehrere Stunden lang im Ofen auf 75 Grad vor, grillt es dann und lässt es danach nochmals im Ofen bei 55 Grad nachgaren. Ich will einfach nicht glauben, dass ein durchschnittlicher Grillsportler diesen Aufwand betreibt.

Berühmtester deutscher Griller, geradezu ein Kampf-Griller, war Hans-Joachim Fuchs. Der betrieb nicht nur diesen, sondern noch viel größeren Aufwand, um alles Mögliche (inklusive Eis) zu grillen. Dabei kommt, um den Trick gleich zu verraten, viel Eischaum ins Spiel, um die eingeschlossenen Eiskugeln zu isolieren. Seit 1999, dem Jahr, in dem er Deutscher Profi Gourmet Grillmeister wurde, nahm Hans-Joachim Fuchs auch am »World Barbecue Championship« teil und wurde 2002 endlich Weltmeister in der Kategorie »Schweinegericht mit Maisbeilage«. Im Jahr darauf gründete er in Erfurt die erste deutsche Grillschule[62] und räumte von da an fast alle ausgeschriebenen Grillpreise ab.[63]

Das sind natürlich ganz andere Kaliber als die Kerle, die ihre Aufgabe schlicht darin sehen, die von »ihr«, ihrer angeblich »besseren Hälfte«, vorbereiteten fein marinierten Steaks und liebevoll aufgeschichteten Spieße mit großer Geste auf den Grill zu knallen und dann für ihre Grillkünste die Lorbeeren einzuheimsen. Die gehören in eine Therapiegruppe und haben mit echten Grillern so viel zu tun wie das MDR-Fernsehballett mit Tanzen. Trotz heftigster Aufforderungen, es auch mal mit anderen Nahrungsmitteln zu versuchen, bleibt es vorwiegend Fleisch, das gegrillt wird. Und es sind fast ausschließlich Männer, die auf maßlos überhitzten Grills Fleisch verbrennen: »Immer zu viel Testosteron, immer zu hohe Temperaturen«, erklärte es Eva Gritzmann, und ich glaube, da ist was dran. [64]

Echte Köche, wie Gregor Weber, bringen diesen Grill-Zampanos mit lustigen Schürzen wenig Respekt entgegen: »Das ist doch wie bei einem Pärchen, wo *sie* die ganze Vorbereitung gemacht hat, und dann schmeißt *er* mit Riesengewese das Zeug, von dem er noch nicht mal weiß, was es ist, auf seinen Manufactum-Barbecue-Grill. Anschließend lässt *er* sich dann für seine Küchenkünste feiern, ›also Bastian, das Irish Beef ist ja Wahnsinn, nimmst du da Akazienhonig für die Marinade?‹, während *sie* schon wieder mit Abräumen, Spülen und Dessertanrichten beschäftigt ist.«[65] Das ist fein beobachtet, besonders die sprachliche Raffinesse.

Ähnlich wie auf der Chauvinisten-Internetseite *koch-*

monster.de, gibt es bei *männergrill.de* ein total scherzig gemeintes Verbotsschild: eine Frau am Grill, erkennbar an Kleid und Zopf, natürlich rot durchgestrichen. Gemeint ist: Frau am Grill = verboten, nix gut, gehört da nicht hin. Nein, was für Komikgrößen da am Werk sind! Witzige T-Shirts mit genau diesem Motiv gibt es da auch gleich zu kaufen. Zum Schreien! Alternativ dazu das T-Shirt-Motiv »Bier verhilft hässlichen Leuten zum Sex«. Und in einer Randspalte dann ein Modetipp für die Frau von heute: Sie trage in diesem Sommer, jetzt halten Sie sich fest: … Bierkästen. Sie ahnen, wie ich mich über diesen Spitzenwitz beömmelt habe. Gar nicht mehr einkriegen konnte ich mich! *Männergrill.de* ist laut zwei sich gegenseitig verstärkenden Untertiteln »der Blog für den Grillrüden«, »denn Feuer ist Männersache«. Und warum ist das so? Dazu müssen wir etwas tiefer in die Männerseele hineinschauen.

Ich bin zum Glück kein Psychologe, weshalb ich die Plausibilität der folgenden Behauptungen nicht beurteilen muss. Machen Sie das bitte selbst. Feuer gilt einer bestimmten Interpretation zufolge als Symbol der Sexualität. Welcher Gegenstand und welches Phänomen gilt, einer bestimmten Interpretation zufolge, eigentlich *nicht* als Symbol der Sexualität? Aber jetzt kommt's: »Das Hochschießen der Feuerzungen erinnert unbewusst an Penis, Erektion und Ejakulation; die Temperatur des Feuers vertritt die Wärme der Liebe und die wilde Glut der Leidenschaft. Die Zähmung des Feuers durch den Menschen begann vermutlich damit, dass man Brände zu erhalten lernte, ehe man sie selbst entfachen konnte. Gewisse Züge der Mythen, die sich an das Feuer geknüpft haben, lassen vermuten, dass der Mann es als einen Rivalen ansah, mit dem er in eine Art homosexuellen Wettkampf trat, indem er das Feuer mit seinem Harnstrahl zu löschen versuchte. Die Erhaltung des Feuers setzte also einen Triebverzicht voraus. Zu Hütern des Feuers wurden Frauen bestellt, die mit dem Harn nicht zielen können und zu einem solchen ›Kampf‹ nicht versucht sind.«[66]

Psychologen denken so. Und weil Psychologen so denken, nehmen sie an, dass alle anderen Menschen auch so denken oder sich zumindest so verhalten, weil unbewusst diese Vorstellung ihrem Handeln zugrunde liegt. Erfunden hat diese Interpretation natürlich Sigmund Freud höchstpersönlich. Der Ur-Psychologe hat das Ganze allerdings, noch verschrobener, nur auf das Lustempfinden des Pyromanen bezogen, das er, der Pyromane, angeblich aus dem Verzicht auf seine Homosexualität und der ersatzweisen Verwendung seines Penis als Feuerlöscher gewinnt: »Das Sexualerlebnis zieht der Pyromane hauptsächlich aus dem Verzicht auf die homosexuelle Lust, das von ihm entzündete Feuer durch seinen Harnstrahl zu löschen.«[67] In dem Umfeld sind dann auch noch Wortakrobaten tätig wie Gerhard Uhlenbruck, der geschrieben haben soll: »Sex ist die Reibfläche, an der wir versuchen, das Feuer der Liebe zu entzünden.«[68] Um es dann mit dem Harnstrahl …? Halt! Stopp! Das wird hier doch etwas zu unappetitlich für ein Kochthema.

Grillen ist keine weiterentwickelte Form der Nahrungszubereitung, sondern eine ausdrücklich regressive, zurückschreitende. Die angemessene Körperhaltung ist das Hocken, weil das Feuer sich normalerweise auf dem Boden befindet. Männer entfachen am liebsten Grillfeuer, die 40 pflichtbewusste Teufel mit ihrer weißen Höllenglut neidisch werden ließen. Zum Grillen sind diese Feuer zwar total ungeeignet, aber solche Höllenfeuer haben einen hohen Prahlfaktor. Weil sie in der Siedlung verboten sind und auf dem Balkon erst recht oder zumindest bei den Nachbarn ganz schlecht ankämen, werden die Höllenfeuer mittlerweile in Edelstahlungetümen mit Gasbetrieb entfacht. Ihr Prahlfaktor liegt bei etwa fünf bis sieben HF, was einem ganz ordentlichen Höllenfeuer entspricht, wenn man bedenkt, dass im Fegefeuer gerade einmal zwei bis drei HF erreicht werden. Nun hat man das Grillfeuer also aufgestelzt, Füßchen druntergeschraubt, sodass auch ungelenkigere Männer mit Bauch das Feuer in Gang halten können. Auch die vom Grillmeister Bedienten hocken nicht. Sie sitzen auf Bänken oder Stühlen, die unterhalb des Sitzkomforts rangieren, den die Begrillten normalerweise gewohnt sind.

Hightech-Grillungetüme warten in jedem Baumarkt auf ihre Bezwinger. Eines dieser Ungetüme wird mit folgenden feuerspeienden Herausforderungen angepriesen: »4 Snap-Jet-Zünder für vier getrennt stufenlos regelbare Edelstahlbrenner, Edelstahlgrillrost 69 x 49 cm, versenkt eingebauter Seitenkocher mit 3,5 kW Nennleistung, Edelstahl-Arbeitsfeld, Edelstahl-Bedienfeld, Soft-Touch-Regler mit beleuchteter Fassung, Drehspieß mit leistungsfähigem Elektromotor für ruhigen Lauf auch bei schwerem Grillgut, Infrarotbrenner Sear-Station-Brenner mit 3 kW Nennleistung für gleichmäßige, optimale Grillbräune, stufenlos regelbarer Räucherbrenner mit 2 kW Nennleistung für Gourmets, die den Räuchergeschmack mögen.«

Der nur von einem echten Helden zu bezwingende Drache wiegt elf Kilogramm und kostet knapp 3000 Euro. Das sind natürlich alles Kinkerlitzchen, aber für eine »Grand Hall Porsche Design Studio Outdoorküche« müssten Sie schon etwa 7000 Euro anlegen. Wenn Sie die mal so eben lockermachen können, ist das prima. Natürlich können Sie auch eine Weile drauf sparen, aber passen Sie auf, dass Ihre Frau nichts davon erfährt. Und mal ehrlich: Wissen Sie überhaupt, was eine »Sear-Station« ist? Ich wusste das nicht. Deshalb musste ich es mir umständlich erklären lassen. Es ist so etwas Ähnliches wie eine »Sizzle Zone«. Alles klar?

Beim Grillen geht es, wie Sie wissen, darum, mit idiotisch hoher Hitze Lebensmittel zu verbrennen. Beide Systeme, die »Sear-Station« und die »Sizzle Zone«, haben nun den Zweck, *noch* mehr Hitze zu erzeugen. Ein Hersteller macht das mit einem Stabbrenner. *To sear* heißt im Englischen »ausbrennen, scharf anbraten, versengen«. An der entsprechenden Stelle wird dann einfach noch mehr Leistung mit noch höherem Gasverbrauch in den Grill geblasen und das Grillgut wird an dieser Stelle noch schneller ungenießbar.

Bei der »Sizzle Zone«, wie ein anderer Hersteller sein Höllenfeuer nennt, kommt ein Infrarotbrenner zum Einsatz. *To sizzle* heißt so viel wie »brutzeln, knistern, zischen«. Angeblich hat die »Sizzle Zone« einen höheren Wirkungsgrad als die »Sear-Station« und bei gleichem Gasverbrauch mehr Leistung. Mir doch egal!

Ich bin Mitglied der Niedrigtemperatur-Fraktion und habe für diesen Hitzerausch nur Mitleid übrig. Diese Grillfreaks haben vielleicht Probleme. Manchmal habe ich den Eindruck, sie möchten nur zeigen, dass sie den Größten haben.

In Südostasien, Mexiko und Serbien ist Grillen angeblich Frauensache. Ich habe dazu einen Serben befragt, der meinte: »Wuaas? Bissuverruckt?«

Raucharoma ohne Rauch – Männer packen Lagerfeuer zur Not in kleine Gläser

Es gibt ein Aroma, das besonders Männer schätzen: Rauch. Erstaunlicherweise schätzen auch Frauen Raucharoma, nämlich an Männern. Die starke erotische Anziehung, die Frauen bei Feuerwehrmännern empfinden, ist unleugbar. Das stärkste Raucharoma wird, nach Whisky, Schinken zugesetzt. In Europa ist die Verwendung solcher Aromen in der Verordnung (EG) 2065/2003 geregelt.[69] Darin ist pingelig alles festgehalten, was »über Raucharomen zur tatsächlichen oder beabsichtigten Verwendung in oder auf Lebensmitteln« so zu regeln ist. Und weil es Männern so gut schmeckt, gibt es Rauch- und Schinkenaroma jetzt auch als Brotaufstrich. Die Schmiere heißt Baconnaise.

Eigentlich handelt es sich um Mayonnaise mit Schinkengeschmack, die mit dem Slogan *Everything should taste like bacon* verkauft wird. Amerikaner fragen sich, wie sie jemals Burger ohne diesen Schmierstoff zu sich nehmen konnten. Sie essen ihn löffelweise (wie ich

Nutella) und entschuldigen sich beim guten alten Ketchup dafür, dass sie ihm untreu werden. Sie nehmen's zu Pommes frites, zu Hühnchen, zu Fisch und zu Hack-

Lampen-Rauchglocken, Messing, polirt.
Mit solchen Rauchglocken verhinderte man, dass die in Petroleumlampen unverbrannten Kohlenstoffteilchen die ganze Küche schwärzten. Es ging dabei eher um Ästhetik als darum, den krebsfördernden Effekt des Rauchs zu verringern. Raucharomen gibt es jetzt auch ohne Krebsgefahr.

fleisch zu sich, wobei der Hersteller stolz verkündet, dass sein Produkt »streng vegetarisch« sei. Seit Oktober 2006 ist der fragwürdige Genuss, den die Tüftler Dave Lefkow und Justin Esch kreiert haben, auf dem Markt. Erste Schritte dazu waren die Registrierung der Internetadresse und die Eintragung des Markennamens. Das Marketing wurde über kostenlose Kanäle wie YouTube und Facebook gestartet. Diskussionsforen und Blogs wurden mit entsprechenden Fragen gefüttert und die Netzgemeinschaft schwatzte fleißig werbend mit. Dann musste nur noch ein Produkt für die Idee erfunden werden. Weil die Versuche dazu in der eigenen Küche kläglich scheiterten, wandten sich Lefkow und Esch an einen professionellen Lebensmittelentwickler.

Was dabei herauskam, besteht vorwiegend aus Mayonnaise (Wasser, Sojaöl, Eier), Salz, Knoblauch,

Zwiebeln und, die wichtigste Zutat, Schinkenraucharoma. Eine Portion enthält neun Gramm Fett, davon 1,5 Gramm gesättigte Fettsäuren, keine Transfettsäuren, fünf Gramm mehrfach ungesättigte Fettsäuren, außerdem zehn Milligramm Cholesterin und 130 Milligramm Salz. Ich würde sagen: mittelungesund. Weil die Rauch-aromen mittels flüssiger Aromenstoffe zugefügt werden, sind diese Aromen in dem fetten Mix jedenfalls als Gefahr zu vernachlässigen. In der EU gelten seit 2005 strenge Grenzwerte für die in solchen Aromen enthaltenen Benzo[a]pyrene und Benzo[a]anthracene.

Das Produkt Baconnaise war schon in den ersten beiden Jahren seiner Existenz so erfolgreich wie die von Julius Maggi erfundene Würzflüssigkeit in ihren ersten 20 Jahren. Noch verrückter geht es zu, wenn Raucharomen gar nicht erst mit Lebensmitteln in Zusammenhang gebracht, sondern als Parfum aufgetragen werden. Amerikaner mögen so etwas. Es riecht nach Lagerfeuer. Amerikanische Frauen verbinden damit etwas Romantisches. Echte Kerle, kräftig zupackend, Männerschweiß.

Der Philosoph Voltaire hätte sich davor geekelt. Kräftige Würznoten waren im 18. Jahrhundert bei den höheren Ständen unbeliebt, galten als unfein und Ausdruck einfacher Lebensform. 1765 schrieb Voltaire in einem Brief an den Comte d'Artois: »Was Köche anbelangt, so dulde ich weder das Schinkenaroma noch das Übermaß von Pfeffer und Muskat, mit denen sie die an sich gesunden Speisen verändern.«[70] Ein Pingel. Was hätte er wohl zu Knoblauch und Chili gesagt? Immerhin hat er noch etwas geschrieben, was uns Feinschmeckern die Seele streichelt: »Ich habe gefunden, dass Menschen mit Geist und Witz auch immer eine feine Zunge besitzen; jene aber mit stumpfem Gaumen beides entbehren.«

Verführungskochkünste

Ja, ich weiß, ganz schlechte Überschrift. Es sollte aber alles rein, was mit »Liebe geht durch den Magen« zusammenhängt und trotzdem nicht nach Bratkartoffelverhältnis klingt. »Wenn Männer kochen, wollen sie entweder Kumpels plattmachen, Mütter beeindrucken oder Herzen gewinnen«, behauptet einer, der's zu wissen scheint.[71] Zum Plattmachen von Kumpels kommen wir später bei den Männerkochklubs. Und das Herzengewinnen? Das ist natürliches männliches Verhalten während der Balz – also immer.

Kochkünste werden beim männlichen Balzen genauso eingesetzt wie ein schöner Körper, ein schnittiges Fahrzeug, eine eloquente Argumentation. Gut, streichen wir Letzteres. Casanova war der Meinung, jede Frau sei für gutes Essen »anfällig«. Der große Verführer begnügte sich nicht damit, irgendwelche Speisen zu servieren, auch nicht solche, denen eine aphrodisierende Wirkung nachgesagt wird. Was er wirklich machte, war wesentlich raffinierter. Das Schlürfen von Austern ist nämlich nur dann erotisch, wenn man es so macht wie er: Er bat gleich zwei Frauen darum, sie sollten ihm mit ihren Lippen eine Auster in den Mund schieben. Beide fanden nichts Anstößiges daran und so schlürften und schlabberten sie zu dritt. Mehr nicht. Ehrlich![72] Erst ein paar Tage später ging es dann zur Sache, wieder mit missbräuchlichem Einsatz von Austern: »Als ich eine Muschel an Emilias Lippen führte, um ihr eine schöne Auster zu geben, fiel diese durch Zufall mitten in ihren Ausschnitt; sie wollte sie herausholen, doch ich beanspruchte dieses Recht für mich.«[73]

Die mittelhübsche spanische Schauspielerin Penélope Cruz hätte Casanova sicher nicht viel Widerstand geleistet, denn sie ist der Meinung: »Wenn ein Mann für dich kocht und der Salat enthält mehr als drei Zutaten, meint er es ernst.« So wird es in zahlreichen Klatschblättern und Blogs zitiert und ich vermute, dass sie das wirklich so gesagt hat. Ich finde, dass Frau Cruz damit ein sehr schlichtes Beurteilungsverfahren für die Ernsthaftigkeit männlicher Avancen hat. Das schlägt sich natürlich auch in der Liste ihrer bisher abgelegten Partner nieder. Ich fand keine Belege dafür, dass Matt Damon, Nicholas Cage oder Tom Cruise am Herd eine gute Figur abgeben.

Viel zu aufwendig wären Frau Cruz sicher die Arrangements, die Gabriella Moliné Männern empfiehlt und von denen sie verspricht, dass sich ganz normale Männer, folgten sie bloß ihren Verführungsempfehlungen, bis zum Dessert zu Traummännern entwickeln könnten, jedenfalls in der Wahrnehmung der von ihnen bekochten Frauen. Sie verspricht Erotik, Sex, schiere Lust und fordert ihre männlich gedachten Leser auf: »Lassen Sie uns gemeinsam den Gipfel des Genusses erklimmen.«[74] Hui, das habe ich doch glatt falsch verstanden. Es geht der Autorin nämlich in Wahrheit gar nicht um ein Lusterlebnis mit mir, sondern um verführerische Gerichte. Vor allem aber geht es ihr darum, Männern ihre gewohnt stumpfen Verhaltensweisen abzugewöhnen. Dann würden die sich »von der Masse der stieseligen Männer« abheben können und köcheln, bis ihre jeweiligen Frauen sich vor Heißhunger nach ihnen verzehrten. Welche Frau hätte, das frage ich Sie, je damit Erfolg gehabt, ihrem Mann irgendetwas abzugewöhnen? Und wer lässt sich schon gerne als stieselig bezeichnen? Und dass angebliche Aphrodisiaka

Handlampen. Flachbrenner, Freibrenner, Kronenbrenner, jeweils mit hellem, glattem oder gepresstem Glasbassin, hell und farbig sortirt.
Ganz egal, welchen dieser Brenner Sie zur Verführung für sie oder ihn verwenden: Drehen Sie den Docht so weit herunter wie möglich! Über Ihre Kochkünste lügt Sie Ihr Gast sowieso schamlos an. Und genau das wollen Sie doch.

jemals gewirkt hätten, lässt sich auch nicht belegen. Gleichwohl empfiehlt Frau Moliné: »Heizen Sie Ihrer Angebeteten ordentlich ein, und würzen Sie kräftig nach, bis sie vor Heißhunger nach Ihnen vergeht.«[75] Na, na, wenn das mal klappt.

Außerdem sollten Sie mit dem Würzen vielleicht doch etwas vorsichtiger sein, nachdem es 2008 in England einen Todesfall durch allzu starkes Würzen gab. Der dreiunddreißgjährige Andrew Lee starb nach dem

Verzehr eines extrem scharfen Chilis an Herzversagen. Von Lust und Leidenschaft wird im Zusammenhang mit seinem qualvollen Tod nichts berichtet.

Die zum scharfen Würzen auffordernde Autorin kann ihre aggressive Kritik an den stieseligen Männern nicht zurückhalten: »Verdammt viele Männer machen sich verdammt wenig Gedanken darüber, wie reizvoll es sein kann, die Geliebte aufmerksam zu verwöhnen.«[76] Hm. Dann mache ich mir jetzt mal ein paar verdammt scharfe Gedanken: Also, für wen ist es reizvoll, das Verwöhnen? Für die Verwöhnte oder für den Verwöhner? Wenn der zum Verwöhnen Aufgeforderte dies reizvoll fände, würde er es sicher häufig und auch ohne Aufforderung tun. Wenn es aber vorwiegend für die Verwöhnte reizvoll ist, lesen wir hier doch einen voll ausformulierten Aufdenhändentrage-Anspruch einer Luxus-Dame, oder sehe ich das falsch?

Ich sehe es richtig, wie sich im letzten Kapitel nach jeder Menge unnützer Rezepte erweist. Da nämlich empfiehlt die Autorin: »Lass sie deine Kraft spüren, trage sie auf Händen, und lass sie bloß nicht fallen. Erweise dich als Retter und Beschützer in jeder Lebenslage, und sei ihr Fels in der Brandung.«[77] Hoffentlich haben das die emanzipierten Frauen nicht gelesen, die das sicher auch gerne hätten, aber doch niemals schreiben würden.

Wenn ich's mir recht überlege, passen Frau Molinés Theorien überhaupt nicht zum Thema. Sie gehören in die Kategorie der Anleitungen zur Verführung, wie etwa die eines Hauptmanns a. D., O. von Gontard, der sich nach seinem Militärdienst berufen fühlte, die Frage zu beantworten: »Wie soll ein weibliches Wesen sich benehmen, um einen Mann zu bezaubern?« Er schreibt: »Die Kochkunst ist nun einmal so wichtig für den Haushalt wie die Patrone für das Gewehr des Kriegers.«[78] Verstanden, Herr Hauptmann. Abtreten!

Von der anderen Seite betrachtet, scheint es Frauen durchaus möglich zu sein, den Verführungskochkünsten von Männern zu widerstehen. Birgit Schönberger kann das jedenfalls: »Morgen Abend koche ich für dich! Wenn ein neuer Mann in meinem Leben mich zum ersten Mal mit dieser Drohung konfrontiert, meditiere ich mehrere Stunden zwecks innerer Ruhe und Gelassenheit, koche mir schnellstens eine kräftige Gemüsesuppe und stecke einen spannenden Krimi, einen Flachmann und eine Packung Ohropax ein. Vor Mitternacht, das hat mein repräsentativer Männer-am-Herd-Test ergeben, ist mit der Vorspeise nicht zu rechnen, dafür mit Vorträgen über die Seele des Salbeis und ihre mystische Wirkung im Umfeld von Ricotta aus Ravenna.«[79] Total gemein, die Frau. Trotzdem habe ich den Eindruck: Sie hat recht.

Und warum klappt es doch gelegentlich, die Gunst des Gegenübers durch Speisen zu gewinnen? Das weiß natürlich wieder Casanova: »Ein sicherer Weg zum Gewinnen der Liebe eines Menschen (ist) der …, ihm irgendwelche neuen Freuden zu verschaffen.«[80]

Bücher, die versprechen, dass Erotik und Küche eine prima Kombination sind

Adore, Alexa und Joe Toto: *Aphrodisiaka. Potenter Liebeszauber aus der Küche,* Norderstedt 2009.
Alles ganz nett gemeint, aber kein Ersatz für Viagra oder Cialis. Fast alles, außer pulverisierten Socken, scheint zur Anregung der Begierde geeignet zu sein.

Allkemper, Gisela: *Ich hab dich zum Fressen gern. Das kleine Kochbuch für Verliebte,* Münster 2002.
Die Autorin macht Vorschläge zum Frühstück im Bett, ohne die abtörnenden Krümel zu erwähnen, und beim Picknick sind ihr offensichtlich nie diese kleinen Drecksviecher um den entblößten Körper geschwirrt. Die Glückliche.

Bax, Anne und Cornelia Böhm: *Kochen & Küssen: Das lesbische Kochbuch. Mit Gerichten zum Nachkochen (fleischlos) und Geschichten zum Vorlesen (gemüsefrei),* Tübingen 2009.
Muss das eigentlich noch ausdrücklich erwähnt werden, dass politisch korrekte Lesben fleischlos kochen? Bei den Rezepten und Geschichten, »mit welchen Frau warm ums Herz wird«, wüsste ich gerne, welche weniger politisch korrekte männliche Formulierung hier übersetzt wurde.

Bodeit, Friderun: *Gruppensex von Birne, Bauch, Kohl und Klößen. Erotische Rezepte,* Leipzig 1995.
Enorm erotisch: Man erfährt, was Sachsen sexy finden, zum Beispiel Kohl und Klöße. Ich werd' die nie verstehen, no.

Bockholt, Werner und Frank Buchholz: *Goethes erotische Liebesspeisen. Ein literarisches Kochbuch,* Warendorf 1997.
»Stolzer Leib! Herrlicher Geist, Hort der Schönheit! Fassen und Fühlen, Schwimmen in Seligkeit, untertauchen in ihr, Küssen, Beten, Versinken, alles hast Du mich gelehrt, und nur in Dir hab' ich's begriffen.« Das schrieb nicht etwa Goethe an Bettina von Arnim, sondern sie an ihn. Scheinen gewirkt zu haben, dessen Liebesrezepte.

Brown, Andrea: *Der Quickie in der Küche,* München 1999.
Auch wenn die nur mit einer Kochschürze bekleidete Frau auf dem Titelblatt etwa anderes suggeriert: Es geht um Gerichte, die schnell zuzubereiten sind. Ich fühle mich betrogen.

Cavelius, Andrea-Anna und Monika Schuster: *Food for Love,* München 2006.
Von Auster bis Vanille werden elf nicht funktionierende Aphrodisiaka vorgestellt.

Ciper, Hanno: *Köstliche Verführung. Sinnliche Menüs für erotische Genüsse,* Weingarten 2000.
Keine Liste angeblicher Aphrodisiaka, sondern angeblich erotisierender Speisefolgen. Die Gefahr bei allzu üppigen Gelagen: Die Frau, die verführt werden soll, schläft schon vor dem erhofften erotischen Genuss selig ein. Ich hab's erlebt.

Dietl, Barbara und Pe Jacobi: *Warme Mahlzeiten: Ein Kochbuch für Frauen, die Frauen und gutes Essen lieben,* Königstein 2000.
»Wo sich Frauen gegenseitig vernaschen, werden auch Austern verzehrt, und Genitalien erhalten neben maritimen nicht selten

fruchtige Metaphern wie Mango oder Melone.« Das steht in der Werbung für dieses Buch und dann wird das ja wohl stimmen.

Donhauser, Rose Marie: *Fingerfood for Lovers. Kulinarisches für davor, danach und mittendrin,* München 2005.
Die Autorin fordert ihre Leserinnen und Leser auf, es kunterbunt zu treiben, allerdings »mit prickelnden Cocktailideen und pikanten Kleinigkeiten«. Ob die Damen damit zu befriedigen sein werden?

Eschholz, Eike: *Sweet & Sexy. Erotik-Torten – Sinnlich, sättigend mit einem Spritzer erregenden Humors,* Grünberg 2007.
Sehen Sie sich nur einmal eine von diesen Torten an und ich verspreche Ihnen, danach läuft gar nichts mehr.

Fein, Gertrude: *Das erotische Kochbuch,* Frankfurt a. M. 1997.
Nur damit das klar ist: Nicht das Kochbuch ist erotisch, sondern die Rezepte sollen Erotik schaffen. Dabei ist es eigentlich nicht einmal ein Kochbuch, sondern eine Sammlung erotischer Geschichten, unter anderem von Anaïs Nin, T. C. Boyle, James Joyce.

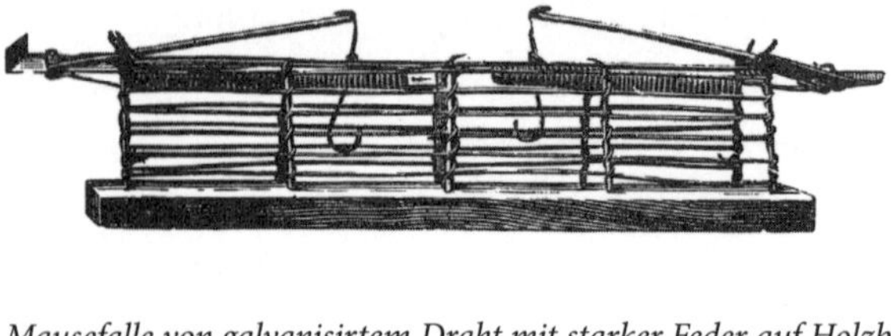

Mausefalle von galvanisirtem Draht mit starker Feder auf Holzboden, mit zwei Fängen.
Wenn Sie erst einmal in der Falle sitzen, fragen Sie sich auch, ob es das Stückchen Käse wert war.

Gricksch, Gernot: *Kaiserschmarrn und Koitus. Ungewöhnliche Rezepte für jede Lebenslage,* München 1999.
Als Titel wurden wahrscheinlich frühzeitig verworfen: »Gurken und Geschlechtsakt« sowie »Bratkartoffeln und Begattung«. Gut so.

Höhne, Anita und Leonhard Hochenegg: *Ein Rezeptbuch für die Lust. Damit die Liebe wieder lebt,* München 1999.
Die Autoren haben nicht nur einen Hang zu der Sorte Lust, die beim Kontakt der Geschlechter entsteht, sondern auch zum lustvollen Alliterieren von Tagesmenüs, Tees und Tinkturen.

Huber, Bettina: *Passion Food. Kochen für Liebe, Lust und Leidenschaft,* Weyarn 2002.
Vorne drauf ist – ein schönes Spiel mit dem Titel – eine Passionsfrucht abgebildet und innen drin Menschen, denen die Leidenschaft zum Teil übel mitgespielt hat. Mit einem schönen Essen kriegen die das aber sicher wieder hin.

Johnson-Illi, Ruth: *Die schönsten Liebesrezepte. Aphrodisische Küche einfach sinnlich,* München 2008.
»Lauschen Sie in Ihren Körper hinein. Und benützen Sie Ihren Geist. Er ist das wichtigste Sexualorgan, denn er beflügelt die Fantasie!« (S. 9) Oha! Da habe ich doch in Anatomie wieder nicht aufgepasst!

Lange, Katja und Andreas Furtmayr: *Erotic Food,* München 2001.
Das Essens-Pendant und gleichzeitig der Vorläufer zu Marcus Taeschners *Erotic Drinks*. Steht schön im Schrank und kann da auch bleiben.

Leesker, Christiane: *Koch für mich, dann lieb ich dich … noch mehr!,* Münster 2005.
Ein ganz tolles Buch, weil da ein Holzlöffel vorne drauf ist.

Maag, Thuri: *Maagische Momente. Prickelnde Leckerbissen für lustvolle Stunden zu zweit,* Zürich 2010.
Sie werden's nicht glauben: Das mit den maagischen Momenten hatte ich zuerst für einen Druckfehler gehalten.

Moles Kaupp, Christina: *Scharfe Sachen. Ein erotisches Kochbuch,* München 2003.
Die Autorin stellt angebliche Aphrodisiaka vor und beschreibt ihre Wirkungen. Ich aber sage Ihnen: Funktioniert alles nicht.

Moliné, Gabriella: *Wie Mann jede Frau weichkocht. Das Kochbuch der Verführungen – mehr als nur Rezepte,* Frankfurt a. M. (Elchborn) 2001.
Ausführlich besprochen hier im Text.

Muliar, Doris: *Rezepte für Lust und Liebe,* München 2001.
So wie Frau Muliar stellen sich offensichtlich viele Frauen einen »romantischen Abend« vor. Männer machen das Spiel kurz mit, dann wird zur Geschäftsordnung übergegangen.

N. N.: *Liebe ist … das Kochbuch; knackig, heiß & saftig,* Köln 2010.
Für die nervtötenden Kitschbildchen der »Liebe ist«-Reihe war ursprünglich Kim Casali verantwortlich, nach ihrem Tod 1997 ist es deren Sohn Stefano.

Nökel, Volker, und Hartmut Bruno Klinger: *Leib-Gerichte. Ein frivoles Kochbuch / pikant angemacht,* Kiel 2000.
Hier mal ein paar Rezepte aus diesem angeblich frivolen Buch: Zungenkuss, Scharfes Schweinchen mit Zöpfli, Gabelmöpse, Arabisches Reiterfleisch, Liebesknochen, Orgientoast. So stellen sich Männer Erotik vor.

Norman, Peter, Mikael Strinnhed und Marie-Louise Marc: *Pink! Gay cooking,* Stuttgart 2008.
Ein Pendant zum Lesben-Kochbuch von Frau Bax und Frau Böhm. Ich habe *keine Ahnung,* wieso diese Rezepte ausgerechnet Schwule so anmachen.

Oehler, Frank: *Eden. Kochen und die Macht der Liebe; Rezepte der »Cucina erotica«,* Stuttgart 2006.
Man muss bloß Quark mit Soße auf Charlotte Roche draufschmieren und dann ablecken.

Paraiso, François und Mark Amoros: *Wenn ein Mann für eine Frau kocht,* München 2001.
Der Titel ist zu ergänzen: »*kann* was dabei rauskommen, *muss* aber nicht und tut's auch meistens nicht«.

Poggenpohl, Gabriela: *Weil Liebe durch den Magen geht …,* Fränkisch-Crumbach 2004.
Rezepte für das Speisen zu zweit. Wenn mir jemand bitte mal das mit den drei Pünktchen erklären könnte …

Richtsfeld, Astrid-Christina: *Glücksfaktor Sex. Erotik, Energie, Erfolg. Sexfood und Spezialrezepte,* Reinbek 2003.
Sex steht hier im Vordergrund, Kochen kann dabei eine Rolle spielen, muss aber nicht.

Rösner, Kirsten: *Amor und Lucullus. Das kleine Lust-Kochbuch,* München 2000.
Auch so ein lustiges Klein-Kochbüchlein. Wenn Sie es verschenken, steht es nicht bei Ihnen zu Hause herum.

Schneider, Oliver: *Erotik-Küche. Gesunde und frische Küche für wenig Geld,* Berlin 2010.
Ein ausgezeichnetes Buch, nämlich mit dem Gourmand World Cookbook Award als Teil der besten Kochbuchserie Deutschlands.

Schramm, Karin: *Liebeshunger. Verführerische Rezepte. Sinnliche Köstlichkeiten für die Stunden zu zweit,* Köln 1999.
Es ist ein nackter Mann auf dem Titelblatt. Steht das Buch deshalb bei vielen Frauen im Schrank?

Schröck, Roman: *Kochen für ein Date,* o. O. 2004.
Ein Kochbuch mit Aktfotos von Monika Kessler. Also, die Fotos wurden von Monika Kessler gemacht, bilden sie aber nicht ab.

Schröder, Christiane M.: *Kochen ist wie Sex. Ein Brevier der Sinnesfreuden,* Passau 2008.
Die Autorin glaubt, die drei Säulen der Gesundheit seien Ernährung, Bewegung und positives Denken. Ich finde, sie hat da was vergessen.

Schuhbeck, Alfons: *Liebesmenüs. Raffinierte Köstlichkeiten für sinnliche Stunden,* München 2002.
Seriöse Rezepte ohne direkte Behauptung aphrodisierender Wirkung. Dafür bietet der Sternekoch sein »Sexgewürz« an, bestehend aus Chili, Ingwer, Kardamom, Knoblauch, Koriander, Kurkuma, Paprika edelsüß, Rosenblüten, Vanille, Zimt mit den Aromen deftig, herzhaft, kräftig nach Kräutern, warm, vollmundig.

Seidl, Erika: *Vergnügen in der Küche. Kochrezepte für die Liebe,* Ludersdorf 2008.
Eine Auflistung angeblich aphrodisierender Lebensmittel und ganzer Liebesmenüs.

Spänhoff, Christa: *Coole Rezepte für heiße Stunden. Erotisches Kochbuch,* Bochum 2010.
Strapse auf Salat und auch sonst viel Wäsche, im Essen aber wenig Fleischliches.

Springer, Käthe: *Liebeskochkunst. Verführungen aus der erotischen Küche,* Klosterneuburg 1999.
Achtung! Autorin ist nicht BILD-Friede, sondern *Käthe* Springer. Deshalb sind in diesem Buch auch keine Kontaktanzeigen für professionelle Liebesdienste abgedruckt.

Taeschner, Marcus: *Erotic Drinks,* München 2002.
Nach Lektüre dieses Buchs weiß ich endlich, warum Ingwerplätzchen aphrodisierender sind als Käse-Nachos mit Zwiebeln: Man riecht nicht so aus dem Mund.

Thea [Thea Herrmann]: *Kochbuch für Hexen. Liebe, Erfolg und Gesundheit durch etwas Küchenzauber und raffinierte Hexenmenüs; Kulinarisches und Mystisches aus der Welt der weißen Magie,* München 1999.
Na, was wird einem so eine Hexe wie »Thea« schon raten, wenn es um einen wirksamen Liebeszauber geht? Einen Trunk der Extraklasse natürlich! Mich wundert nur, dass in diesem Büchlein auch »geheime Tipps« drinstehen, die ja nun leider jedermann zugänglich sind.

Tress, Sylvia: *Du bist eine Sünde wert. Verführerische Geheimnisse aus Küche und Kräutergarten,* Esslingen 2005.
»Garniert werden diese kulinarischen Liebesabenteuer durch raffinierte Tipps und Tricks, verführerische Ideen und pikante Anekdoten.« Tief durchatmen.

Vázquez Montalbán, Manuel: *Unmoralische Rezepte,* München 2001.
Nicht zu fassen: Man erfährt, warum sich Zucchiniblüten in Bierteig dazu eignen, rothaarige Schönheiten zu bezirzen, dass eine Pilzpaté unvermeidlich zu erotischen Genüssen führt und ein Omelett zum Quell lasziver Fantasien werden kann. Kartoffelauflauf? Geil! Bohnen? Geil!

Vössing, Susanne, Alex Majewski, Peter Laub: *Immer eine Sünde wert,* Frankfurt 2001.
Die Autorin Vössing meint, »die Schönheit des weiblichen Körpers weiß immer einen Kommentar«. Schon den Satz verstehe ich nicht.

Wanders, Lilo: *Exotische Scharfmacher. Lilo Wanders' Liebesküche. Gut gewürzt mit großer Wirkung,* Hamburg 2002.
Von derselben Autorin, die manche für eine nervenzerfetzende Schreckschraube halten: *Vorspiele mit Biss. Vorspeisen zum Dahinschmelzen* und *Davor, dazu, danach. Öle, Düfte und Desserts.* In diesen Büchern findet man die abtörnendsten Verführungstricks und Rezepte.

Weth, Georg A.: *Casanovas Lustmahle. Verführerische Menüs für Genießer von heute,* München 1998.
Sein Name steht für den Weiberhelden par excellence. Aus seinen Notizbüchern soll man angeblich lernen können, wie man's macht, das mit dem Erobern. Darin stehen aber bloß Rezepte.

Winnington, Ursula: *Liebe, Lust und Leckereien: die schönsten Liebesmenüs für alle von 19 bis 99,* Rostock 2008.
Theophrast soll behauptet haben: »Es gibt Kräuter, die Kraft geben, den Koitus sechzigmal hintereinander auszuüben.« Was er verschwieg war, in welchem Zeitraum das stattfinden sollte.

Wolter, Ingrid: *Gaumenfreude Liebeslust Naturküche,* Graz 2006.
Angeblich machen uns Avocado, Artischocke, Granatapfel, Chili, Curry, Ingwer, Spargel, Tomaten für erotische Reize empfänglicher. Kann ich nicht bestätigen. Wirklich nicht.

Männer bereiten Fleisch zu, weil Frauen das so wollen

Eine Theorie, die partout nicht in die politisch korrekte Ideologie der angeblich dem Vegetarischen zustrebenden, aufgeklärten und gut gebildeten Bevölkerungsminderheit passt: Frauen betreiben oder betrieben zumindest nach dieser anthropologischen Theorie eine gezielte Strategie, um in den Genuss von Fleisch zu kommen, das selbst zu besorgen und zuzubereiten ihnen nicht zusteht oder zustand.

Marvin Harris behauptet über ein in Peru lebendes Urwaldvolk, die Sharanahua, Fleischknappheit brächte die Frauen dazu, ihre Männer schmeichelnd, aber bestimmt aufzufordern, für Nachschub zu sorgen. Die Männer gingen deshalb zur Jagd, weil sie wüssten, dass die Frauen ansonsten nicht mit ihnen schliefen.[81] Ich kann Ihnen gar nicht sagen, wie unwohl ich mich bei dieser Argumentationskette fühle. Dabei geht es mir nicht um die angebliche Drohung der Frauen, den Geschlechtsverkehr zu verweigern. Es geht mir darum, dass eine wissenschaftlich sehr fragwürdige Einzelbeobachtung an einem einzigen Urwaldvolk zu einer extrem wackeligen Theorie eines Verhaltensmusters zusammengefügt und dann auch noch so vorgetragen wird, als sei dieses vermeintliche Muster auf die gesamte Menschheit zu übertragen. Wenn die Welt so erklärt werden kann, dann vertraue ich doch lieber den Weisheiten des Käpt'n Blaubär.

Feministinnen sehen das natürlich anders, besonders feministische Vegetarier oder vegetarische Feministinnen wie Carol J. Adams. Sie verknüpft Fleisch eng mit einem patriarchalen Weltbild. Ausbeutung der Tiere und Unterdrückung der Frau kommt in einen Topf, dann wird kräftig umgerührt, damit keine ursächliche Beziehung mehr feststellbar ist.[82] Feministisch formuliert, stellt sie eine

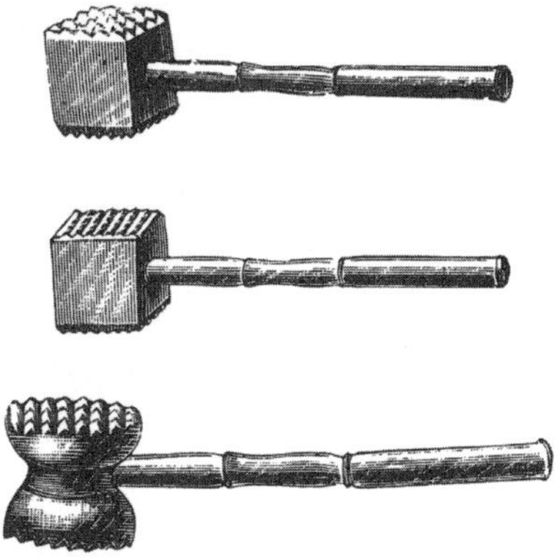

Fleischhämmer, Ahorn, viereckig mit 49 Zähnen, mit 64 Zähnen (eine Seite mit gezahnter Gussplatte) oder rund, mit 52 Zähnen.
Theorien der Menschheitsentwicklung gibt es einige. Hier wird eine von einer vegetarischen Feministin vorgetragen. Sie trägt weniger zur Klärung des Geschehenen bei, liefert aber einen scheinbaren wissenschaftlichen Beweis für die Unterfütterung einer erwünschten Entwicklung. Dabei bekomme ich Bauchschmerzen, auch ohne Fleischverzehr.

kulturelle Verbindung von Fleischkonsum, Männlichkeitswahn und Gewalt her. Sie glaubt, einen männlichlüsternen Blick auf Frau und Tier erkennen zu können. Indem eine Frau sich weigere, andere Lebewesen zu essen, solidarisiere sie sich mit ihnen und leiste Widerstand gegen das Patriarchat. Ich frage mich aber, ob die doofen Kerle das auch so mitkriegen.

Kochende Männer sind selbstgefällige und sexistische Chauvinisten

Das stimmt natürlich nicht. Es gibt aber solche Exemplare. Man findet sie zum Beispiel auf der Internet-Männerkochseite *kochmonster.de*. Laut Eigenwerbung ist das »Deutschlands erstes Kochportal für Männer« und wird von *Spiegel-Online*-Mitarbeiter Peter Wagner betrieben. Bei *Spiegel Online* zeigt dieser Hobbykoch anhand von »Rotbarbenfilets mit Chips, Popcorn, Mousse und Schnitten vom gelben Korn« schon sein ganzes Können. Es sieht schlimm aus und schmeckt wahrscheinlich auch so.[83] Auf der Kochmonster-Internetseite öffnet sich zu einem durchgestrichenen Frauensymbol im Seitenlogo wie ein Warnhinweis ein Fensterchen, in dem das hier gepflegte Frauenbild selbstbewusst erläutert wird. Peter Wagner weiß, was Frauen wollen: knatschgelbe Plastikkochlöffel mit Quietscheentchenköpfen. Für sich und seine Geschlechtsgenossen gehe es dagegen ums Deglacieren, Degraissieren, Degorgieren. Ob das die dummen Weibchen wohl kapieren? Wahrscheinlich nicht. Das kapiere ja nicht einmal ich und ich bin schließ-

Waagen, Familienwaagen mit feil lackirtem Gussgehäuse, weissem Zifferblatt und Weissblechschale, 10 Kilo Tragkraft, m. Zeiger-Regulirung.
Männer machen, das wusste schon Herbert Grönemeyer, »alles ganz, ganz genau«. Deshalb auch die Zeigerregulierung an diesen Küchenwaagen. Deshalb auch das Aufschneidergebaren ums Deglacieren, Degraissieren, Degorgieren.

lich ein Mann! Womöglich gilt Peter Wagners Warnhinweis aber nicht nur für Frauen, sondern auch für knalldumme männliche Alltagsköche wie mich. So dumm ich auch bin, sehe ich mir doch gern die Bilder der Bauernkalender mit leicht bekleideten »Bäuerinnen« an, auf die das Kochmonster unter dem Titel »Bauernbusen« schlüpfrig hinweist. Und Konditoren-Sahne, die mit den sehr geschätzten Eigenschaften beworben wird, dass sie länger und schneller steif wird, bezeichnet der Monster-Mann als »Bio-Viagra aus Milch«. Auf dem Niveau läuft das ab.

Genau deswegen ist das Kochmonster eine gute Quelle für meine Männeranalyse. Für diese Sorte Männer sind Boystoys ganz wichtig. Toys für Boys. Witzig.

Einige dieser Spielzeuge habe ich weiter oben schon vorgestellt. Für unverzichtbar hält das Kochmonster den *Thermaliser*. Man könnte das Gerät auch Erwärmer nennen, aber das hört sich nicht so technisch an, wie es die Sorte Männer gern hat, die so einen Thermaliser gern hätte. Der Ausdruck verschleiert auch, dass es sich schlicht um einen Wasserkocher handelt, dessen Thermostat etwas genauer arbeitet als die Regler an einem üblichen Herd und der deswegen zwischen 1000 bis 2000 Euro kostet. Ins Wasserbad kommen Fleisch und sonstige rohe Speisen, die zuvor in einem Plastikbeutel, aus dem man die Luft abgesaugt hat, eingeschweißt wurden. Dabei kann natürlich keine Bräunung des Fleischs entstehen, die für seinen typischen Geschmack notwendig ist. Um die trotzdem zu erreichen, werden nach dem Langzeit-Vakuumgaren allerlei Tricks angewendet. Wenn Sie mehr Eindruck machen wollen, nennen Sie diese Methode *sous vide*, das heißt: »unter Vakuum«.

Über die Zeit, die so ein Thermaliser fürs Vorwärmen braucht, ob da nicht besser mit vorgekochtem Wasser gearbeitet werden sollte oder ob künftige Geräte wohl besser mit einem Turbo-Heizstab ausgestattet werden müssten, können sich Männer stundenlang unterhalten. Und diese Unterhaltungen werden dann natürlich auch noch auf Internetseiten gestellt. Süß, nicht? Aber was sein muss, muss sein, weiß auch Kochmonster Peter Wagner: »Wer Highend auf der Oberkante des Machbaren zum Beispiel Edelfischfilets in Drei-Sterne-Qualität zubereiten will, kommt um ein Sous-Vide-Gerät mit 0,1 Grad Genauigkeit nicht herum, weil die Top-Chefs hierfür immer extrem hart an die Eiweißgerinnungsgrenze heranfahren, sie aber nie überschreiten.«[84] Puh, denke ich mir da, gut, dass ich eher selten so extrem hart an die Eiweißgerinnungsgrenze heranfahre. Mit meinem ollen Elektroherd könnte ich diese Eiweißgerinnungsgrenzerfahrung gar nicht so an der Oberkante des Machbaren hinkriegen.

Kochklubs – Eine Männerdomäne

Ich kenne einen Mann, Gernot, der von sich glaubt, gut kochen zu können. Die Kommentare seiner Frau Gisela zu seinen Kochkünsten schrammen knapp an Beleidigungen vorbei. Gernot gebe sich echt viel Mühe. »Und das schmeckt man auch. Meistens.«

Gernot ist in einem Kochklub. Eigentlich sollte ich mich nicht dazu hinreißen lassen, Kochklubs von Männern und für Männer prinzipiell in Grund und Boden zu verdammen. Eigentlich sollte ich diesem gesellschaftlichen Phänomen viel Sympathie entgegenbringen. Eigentlich könnte ich mich ja einmal dazu durchringen, etwas Anerkennung aufzubringen. Lob. Hochachtung. Was die so hinzaubern, würde ich nie auf den Teller bringen. Womit die sich auskennen, würde manchen Sternekoch erbleichen lassen. Wie die sich ins Zeug legen, sollte mir Bewunderung abnötigen. Wer in Kochklubs mitmischt, hat ein ideales Forum für die Anerkennung kleinster Leistungen gefunden. Allein: Meine Bewunderung wird stark gebremst durch die Allüren, die in Männerkochklubs zwangsläufig auftreten.

Eierkuchenwender, Weissblech, blank, Durchmesser 24–31 cm. Verwenden Sie nie, nie (!) so einen Eierkuchenwender in Ihrem Kochklub. Sie blamieren sich damit unsäglich. Man wendet dort Eierkuchen mit einem Schwung. Wer das nicht schafft, kann Orden am Halsband, Chuchi-Leiter-Brustgeschirr und Klubkrawatten glatt vergessen.

Von der ersten Sekunde an geht es gar nicht mehr darum, die selbst gestellte Kochaufgabe zu bewältigen, sondern darum, den selbstgefälligen Pfau in jedem einzelnen Koch vorteilhaft zur Geltung zu bringen.

Kochende Männer findet man selten in weniger begüterten Gesellschaftsschichten. Die Einkommen von Männern, die sich zu Kochklubs zusammenschließen, liegen erst recht oberhalb des Durchschnitts, und Durchschnitt bedeutet hier: »guter Durchschnitt«.

»Man-n kocht« etwa ist ein Klub witziger Amateurköche im Saarland. Die Herren von »Man-n kocht« scheuen sich nicht, auch ganz einfache Gerichte zu vermasseln. Das ist mutig, das ist männlich, das ist traurig. Was ich anhand der Fotos im Internet sagen kann: Ihre Gerichte stoppeln diese kochenden Männer genauso lieblos zusammen wie ihre Internetseite.[85] Oder sehen Sie sich mal an, was die *www.feinschlecker.ch* so zusammenbrutzeln. Neun Männer mit dem festen Willen, sich den letzten Rest Geschmack auszutreiben. Da fühle ich mich doch glatt an die Gerichte meiner Oma erinnert. Sie kochte ohne Anmut, im Gegensatz zu den oben genannten Herren jedoch lange Zeit in Armut, und das gab ihrer Kochkunst die unvergessliche Würze.

Unter den zehn selbst aufgestellten Geboten der Kochmänner von der Saar fällt das vierte Gebot durch ein Gänsefüßchen-Problem auf: »Messer müssen so ›scharf‹ sein wie der Koch.« Ich wünsche den Herren noch viele »deftige« Herrenabende. Im Münchener Kochklub »Mann kocht« hat man sich das mit dem Internetauftritt wahrscheinlich noch einmal überlegt und will sich wohl eher aufs Kochen konzentrieren. Die Seite ist schon eine ganze Weile als »Baustelle« gekennzeichnet.

Walter Osztovic und Herbert Hacker wissen zu berichten, dass sich die »Helden am Herd« »wie für einen kulinarischen Feldzug auf ein Kochwochenende im Kreise Gleichgesinnter« vorbereiten.[86] Es gebe, zählen die beiden Autoren auf, viele Gelegenheiten, bei denen

Männer privat kochen: »vom Kochen für Frauen als ›Königsdisziplin‹ über Kochen im Urlaub, einem üppigen Picknick im Weingarten und einem ausufernden Grillgelage bis hin zur Pokerrunde mit entsprechender Verpflegung.«[87] Irgendwann kommen die Autoren dann zu dem Schluss, dass es gar nicht ums Kochen, sondern um Weltherrschaft gehe. Das ist so ehrlich und unbedarft herausgeplaudert wie unnötig zu erwähnen.

Angeblich schon 1870 etablierten Basken den *Txoko*, zu übersetzen etwa mit »Winkel« oder »Hafen«, als Rückzugsort kochender Männer. Inzwischen gibt es auch in Deutschland über hundert solcher Enklaven, viele davon zusammengeschlossen im »CC-Club kochender Männer in der Bruderschaft Marmite«.[88] CC bedeutet hier nicht wie beim Autokennzeichen *Corps Consulaire*, also »Mitglied des Konsularischen Korps«, sondern *Confrérie Culinaire*, also »Bruderschaft der Kochkunst«. Dieser illustre Zusammenschluss wird als »Mercedes unter den Clubs der deutschen Hobbyköche« bezeichnet. Gut, es gibt Leute, die Mercedes für ein besonders schönes Auto halten, etwa die Sängerin Janis Joplin. Ist nicht schlimm, wenn Sie die nicht mehr kennen. Großbürgerliche Aufschneider hatten die *Confrérie de la Marmite*, also die »Bruderschaft des Kochtopfs« 1959 in der Schweiz gegründet. Das war nach den Spaniern wahrscheinlich der zweite Kochklub der Welt. Schon 1960 gründete sich in Oppenheim die erste deutsche Sektion. Weitere Gründungen folgten und mittlerweile gibt es in Deutschland etwa 1400 Topfbrüder. Nur einmal im Jahr sind Frauen zugelassen. Als Gäste natürlich. Bei Verbindungen und Bruderschaften ist das häufig so. Den Brüdern gefällt's und die jeweiligen Frauen haben ihre Ruhe.

Darüber, was die Männer so brutzeln, lässt sich nichts Schlechtes sagen. Schon eher über deren Ordensgebaren im doppelten Wortsinn. Sie tragen Orden am Halsband, Chuchi-Leiter-Brustgeschirr und Klubkrawatten und dürfen sich als etwas Besonderes empfinden. Die Satzung schreibt vor, wie der Großrat (Delegiertenversammlung), das Kapitel (Gesetzlicher Vorstand und Gesamtvorstand), das Großkapitel (Beirat) und der Ehren- und Satzungsrat gebildet werden. Braucht man alles unbedingt. Das Kapitel besteht, jetzt bitte nicht lachen, aus dem Großkanzler, zwei Vize-Großkanzlern, dem Großalmosenier, dem Großlöffelmeister, dem Großprotokollar und dem Majordomus. Die Brüder haben sich aber auch noch, »eingedenk dessen, dass nüchterne Satzungen allein nicht Glanz genug auf aller Brüder fröhliches Tun strahlen können«, eine Ordensregel gegeben, und die finde ich besonders allerliebst. Da werden ganz putzige Bruderschaftsränge vergeben: Apprenti, Chef de Chuchi, Maître de Chuchi und Grand Maître de Chuchi. Die Promotionsordnung einer beliebigen Uni könnte nicht pingeliger formuliert sein. Von einem vergleichbar albern organisierten Kochklub von Frauen habe ich bisher nie gehört.

Gibt es überhaupt Frauenkochklubs?

Ein Kapitel, das hier gar nichts zu suchen hat – Kochende Frauen

Zur Tatsache, dass Frauen kochen, gibt es so gut wie keine Kommentare. Falls doch, beschweren sich darin Männer, die selbst überhaupt nicht kochen können, darüber, dass ihre jeweilige Frau schlecht koche. Woody Allen witzelte: »Nicht, dass meine Frau schlecht kocht, aber es kommen fortwährend irgendwelche Pygmäen in meine Küche und tauchen ihre Pfeile in die Suppe.« Charmant, charmant!

Und Nietzsche erst! Dass er für Frauen prinzipiell den schon zu seiner Zeit nicht mehr ganz angemessenen Begriff »Weiber« verwendet, sollte uns nicht unnötig irritieren. So ist er eben, der Philosoph, der einzelnen Frauen so viel Respekt entgegenbrachte wie dem Weib als solchem wenig.

Wer also ist seiner Meinung nach für alle Dummheit in der Küche verantwortlich? Logisch: das Weib. In Nietzsches Original-Stakkato: »Die Dummheit in der Küche; das Weib als Köchin; die schauerliche Gedankenlosigkeit, mit der die Ernährung der Familie und des Hausherrn besorgt wird! Das Weib versteht nicht, was die Speise bedeutet: und will Köchin sein! Wenn das Weib ein denkendes Geschöpf wäre, so hätte es ja, als Köchin seit Jahrtausenden, die größten physiologischen Thatsachen finden, insgleichen die Heilkunst in seinen Besitz bringen müssen! Durch schlechte Köchinnen – durch den vollkommenen Mangel an Vernunft in der Küche ist die Entwicklung des Menschen am längsten aufgehalten, am schlimmsten beeinträchtigt worden: es steht heute selbst noch wenig besser.«[89]

Besser steht es aber auch nicht mit den Männern: Der oben schon kurz erwähnte Gernot kocht, wie gesagt, total banal, nicht einmal schlecht, aber auch nicht der Rede wert. Gernots Kochkünste sind von einer überwältigenden Mittelmäßigkeit. Glauben Sie etwa, er sähe das ein? Allein die Tatsache, dass er gelegentlich kocht, hält er für so prima, dass er Lob dafür erwartet. Von mir erntet er dafür natürlich

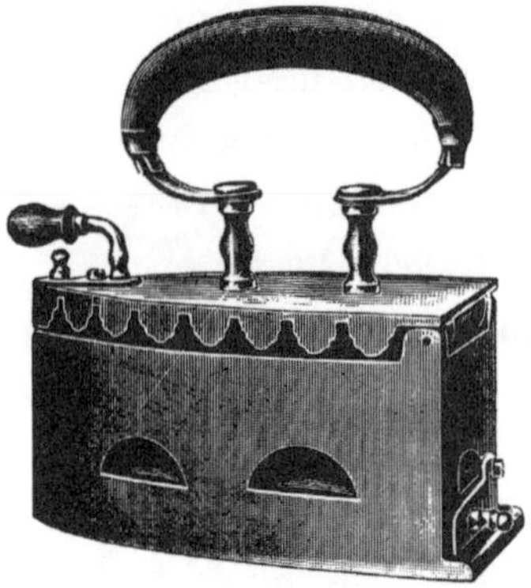

Kohlenbügeleisen (Augeneisen) mit gepolstertem Ledergriff und automatischem Verschloss oder Reiber.
Weil Frauen multitaskingfähig sind, können sie gleichzeitig bügeln und kochen und dekorieren und sich schön machen und Männer verstehen. Verlangen Sie das mal von einem Mann!

nur Spott. Ich habe ihn deshalb einmal gefragt, ob er auch selbst atme, sich am Kopf kratze oder sich die Schuhe zubinde. Den Witz hat er natürlich nicht verstanden. Aber was ich eigentlich sagen will: Die Maßstäbe, die an das Kochen von Männern und an das von Frauen angelegt werden, haben unterschiedliche Skalen.

Warum kochen traditionell Frauen? Richard Wrangham brachte in die Diskussion die These ein, dass der eindeutige Ernährungsvorteil, den das Kochen von Speisen gegenüber ihrem rohen Verzehr hat, die Frauen an den Herd band. Das heißt, sie hielten sich dort nicht freiwillig auf, sondern wurden von ihren Männern an diesen Herd gefesselt: »Das Kochen sparte den Frauen Arbeitszeit und nährte Kinder, doch gleichzeitig fesselte es sie an eine neue, untergeordnete Rolle, die ihnen von einer männerdominierten Kultur aufgezwungen wurde. Das Kochen schuf und verfestigte ein neuartiges System männlicher kultureller Überlegenheit. Es ist kein schönes Bild.«[90] Da hat er wohl recht, aber mit kausalen Schlüssen wäre ich vorsichtiger. An der These etwa, dass erhitzte Speisen mehr Energie zur Verfügung stellen und sich *deshalb* das Gehirn des Menschen rapide entwickelt habe, melde ich Zweifel an. Manche Gehirne warten ein Leben lang auf den erhofften Entwicklungsschub und das ist nicht zwangsläufig auf Rohkost zurückzuführen, oder?

Lange nach dem »Fesseln« der Frauen ans Feuer gaben und geben (!) vorwiegend Männer Empfehlungen, *wie* Frauen den ihnen übertragenen Verpflichtungen nachzukommen haben. Frauen wurden, etwa im *Damen Conversations Lexikon*, ausführliche Ratschläge gegeben, wie sie bei der Essenszubereitung und anderen Haushaltstätigkeiten zu verfahren hätten. Leider waren diese Hinweise, wie man mittlerweile weiß, nicht alle korrekt und nicht einmal ungefährlich, zum Beispiel dieser: »Champignons. Eine Art eßbarer Schwämme oder Pilze, die ursprünglich aus Frankreich stammen, … Man tauche nach dem Kochen einen silbernen Löffel in dieselben. Läuft dieser schwarz an, ist der Pilz giftig.«[91] Natürlich sind Champignons keine Schwämme, auch wenn Österreicher sie Schwammerl nennen, und natürlich sind durch die oben beschriebene Methode viele Menschen vergiftet worden, denn Silberlöffel laufen nicht schwarz an, wenn sie mit giftigen Pilzen in Berührung kommen.

Wer im 19. Jahrhundert das *Damen Conversations Lexikon* wälzte, liest heute Frauenzeitschriften. Diese beschäftigen sich ausschließlich mit Themen, mit denen sich angeblich Frauen beschäftigen. Die Zeitschriften kennen Sie, ihren Aufbau auch: Erst kommt jeden Monat, meist in der Kolumne der Herausgeberin, eine allgemeine Aufforderung dazu, sich von den Männern nichts gefallen zu lassen, sich als emanzipierte Frau zu empfinden und aus der überlieferten Rolle auszubrechen. Dann folgt der Hauptteil, in dem erläutert wird, wie die angeblich ganz speziellen weiblichen Fähigkeiten zu nutzen und gewinnbringend einzusetzen sind. Die Zeitschriften bezeichnen ihre Leserinnen grundsätzlich als *starke Frauen*. Als ganz spezielle starke weibliche Fähigkeiten gelten in diesen Zeitschriften vorwiegend die Methoden, sich selbst durch Kleidung, Haartracht und Kosmetik anzuhübschen, die Wohnung, das Haus, den Garten zu dekorieren, sich mit Hauspsychologie selbst was vorzumachen, das unbekannte Wesen Mann wenn schon nicht zu verstehen, so wenigstens zu dirigieren und zur Not die Sterne zu befragen. Die Sterne sagen dann so Sachen wie »Jungfrau steht für eine freie, unabhängige Weiblichkeit« oder »Waage-Frauen sind ausgeglichen, harmoniebedürftig und diplomatisch«. So was schmeichelt. So was tut gut. So was ist ja so was von peinlich!

Kaum eine Frauenzeitschrift verzichtet darauf, ihre Leserinnen darüber zu informieren, wie sie Speisen so zubereiten können, dass sie allen schmecken, vorwiegend Männern und Kindern, *und* nicht dick machen *und* politisch korrekt hergestellt wurden *und* preiswert sind. Eine Menge Stoff. Aber ehrlich gesagt, scheint sich seit 1834 nicht viel getan zu haben.

Mach hin, sonst kommst du in den Topf!

Finden Sie die Überschrift zu hart, ich meine, das mit der Drohung? Dabei habe ich noch eine der laschesten, politisch korrektesten Drohungen ausgesucht, die in Küchen üblicherweise ausgesprochen werden. Tatsächlich werden die Drohungen dort nicht ausgesprochen, sondern in die heißen Dämpfe gebrüllt. Tatsächlich hört man dort Sachen, von denen ich hoffe, dass Sie sie nicht weitererzählen. Tatsächlich ist das Arbeitsklima in vielen Küchen ganz unerträglich. Das Küchenpersonal wird nicht aufgefordert, angewiesen oder angeleitet, es wird herumgebrüllt. Vincent Klink wurde im Münchener Restaurant Humplmayrs prinzipiell mit »Scheißhaus« angeredet. So nannte der Chef alle Neulinge.[92] Und hören Sie sich erst mal an, wie der Kombüsen-Bukowski Anthony Bourdain seine Leute zur Schnecke macht. Der nämlich sagte seinem Gardemanger-Mann (das ist die männliche Variante der Kaltmamsell): »Wenn er sich nicht mit der Bestellung beeilte, würde ich ihm die Augen rausreißen und ihn in den Schädel ficken.« Klar, dass ihn das »bei dem etwas peniblen Besitzer und Geschäftsführer nicht eben beliebt machte«.[93] Im nächsten Job kriegte dann der Abräumer die volle Breitseite: »Räum die Teller *jetzt* ab, oder ich reiß dir den Schniedel ab und werf ihn über die Straße bis ins Park Bistro!«[94] Gut, der Mann hat Stress, Dauerstress, aber genau deswegen macht er ja den Job.

Trotz seiner häufig unerträglichen Aufschneideralllüren – na, ihr Dummchen, ich sag' euch jetzt mal, wie ein Profi das macht – gibt Anthony Bourdain einen sehr glaubhaften Einblick in Restaurantküchen: »Gute Postenküche zu beobachten ist eine wahre Freude. Es ist eine Zusammenarbeit in Monza-Tempo, und in ihrer besten Form erinnert sie an ein Ballett oder Modernen Tanz. Ein gut organisierter, voll ausgelasteter Postenkoch, einer, der sauber arbeitet und *moves* hat – das heißt sparsame Bewegungen, gute Technik und vor allem Geschwindigkeit –, kann seine Pflichten mit Nijinski-gleicher Anmut erledigen. Der Job verlangt Charakter – und Durchhaltevermögen.«[95]

Nicht nur Bourdain erinnert die Küchenarbeit an einen Tanz. Auch Otto Waalkes trommelt 1985 in seinem ersten Film auf Öfen, Tellern und Besteck und steppt, dass Fred Astaire neidisch werden könnte. Für Bourdain ist das Arbeitsfeld in der Küche eher ein Schlachtfeld: »Es war ein schönes Gefühl, wieder General zu sein, Streitkräfte da einsetzen, wo sie gebraucht werden, schnelle Einsatztruppen von Köchen losschicken, um die Buschfeuer an den Buffetposten zu löschen, Spähtrupps organisieren, Beobachter aussenden und per Walkie-Talkie mit allen Kontakt halten.«[96]

Männlichkeit zeigt sich am deutlichsten durch Extremverhalten in Extremsituationen. Gefahren bewältigen, abwehren, bekämpfen. Kochen im professionellen Bereich ist eine Extremsituation. Nicht erst seit heute.

Schon im Märchen Dornröschen gibt der Koch dem Küchenjungen eine schallende Ohrfeige, obwohl er ihn eigentlich sogar an den Haaren ziehen wollte, »weil er etwas versehen hatte«.[97] Nicht schön und pädagogisch höchst fragwürdig. So ruppig geht es eben zu in Küchen, jedenfalls in vielen, nicht nur in Amerika, sondern auch in Deutschland.

Von 664 000 Profiküchen in Deutschland[98] wurde in gefühlte 332 000 schon einmal eine Fernsehkamera gehalten. Da sieht man dann erschütternde Szenen fachlichen Unvermögens, banales Gebrutzel, überforderte Wirtsleute, vor allem aber sieht man Männer. Ohne jegliche Chauvi-Allüren und Generalstabsgelüste hat Gregor Weber in verschiedene Profiküchen geblickt. Er plaudert nicht nur – wie Bourdain – aus seinem ach so erlebnisreichen Starkochleben, hat nicht nur – wie viele Feuilletonisten – recherchiert und »mal die Nase reingesteckt«, sondern er hat in zahlreichen, sehr unterschiedlich aufgebauten Küchen mitgearbeitet. Als Schauspieler, zeitweise auch als saarländischer Tatort-Kommissar, ist er mittlerweile wesentlich erfolgreicher und kann sich die Schinderei in Küchen ersparen. Für die Recherchen zu seinem Buch hat man es ihm zum Glück erlaubt, noch einmal in seine Rolle als ausgebildeter Koch zu schlüpfen. Jetzt hat Gregor Weber noch einen dritten Beruf, nämlich den eines kompetenten und guten Bücherschreibers. Seiner Einschätzung *Kochen ist Krieg!* wird niemand widersprechen.[99] Kochen ist Krieg, und das ist nicht nur auf einem Kriegsschiff so, in dessen Kombüse Weber mitwirken durfte, sondern in allen Profiküchen.

Mit einem unerwartet starken Gegner haben auch Köche zu kämpfen: Bürokratie. Hygienedokumentation ist in Europa wichtiger als Geschmack. Das haben uns die Bürokraten eingebrockt. Sie haben uns aber auch, das muss man zähneknirschend eingestehen, rapide sinkende Vergiftungsfälle durch Salmonellen, Kolibakterien, Viren, Parasiten und sonstige Geißeln der Menschheit beschert. Im März 2011 legten die Europäische Behörde für Lebensmittelsicherheit (EFSA) und das Europäische Zentrum für die Prävention und die Kontrolle von Krankheiten (ECDC) einen Zoonosenbericht vor. Im fünften Jahr in Folge wies er rückläufige Salmonelleninfektionen bei Menschen aus.[100] Die Infektionen gingen im Beobachtungszeitraum 2004 bis 2009 sogar fast auf die Hälfte zurück, von 196 000 auf 108 000.

Gemeckert wird trotzdem, beim Essen natürlich nicht über die Bürokraten, sondern über die Köche. In allen von Weber besuchten Küchen ging es unterschiedlich laut, unterschiedlich hektisch und unterschiedlich unge-

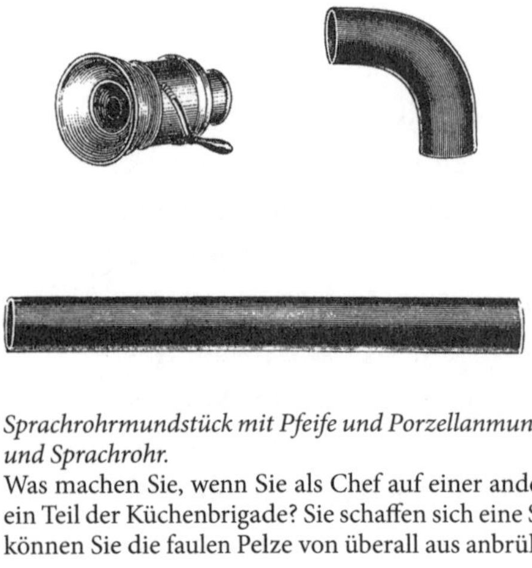

Sprachrohrmundstück mit Pfeife und Porzellanmundstück, Sprachrohrknie und Sprachrohr.
Was machen Sie, wenn Sie als Chef auf einer anderen Etage arbeiten als ein Teil der Küchenbrigade? Sie schaffen sich eine Sprechanlage an. Dann können Sie die faulen Pelze von überall aus anbrüllen.

mütlich zu, in allen aber gab es das, was ihn (und auch mich) fasziniert: »Dieses in Dampfschwaden gehüllte Kasperltheater mit blubbernden Töpfen, zischendem Fett und Pfannengeklapper.«[101] Man kann sich denken, dass das zischende Fett und die blubbernden Töpfe und die sehr, sehr scharfen Messer ihre Spuren hinterlassen, vor allem an den Händen der Köche. Alle Köche berichten von Blasen, Hornhaut, Schwielen, Brandwunden, Schnittwunden, Narben, aufgeplatzter Haut, Abschürfungen, Blutergüssen, sich ablösenden Fingernägeln.[102] Und sie sind stolz darauf. Die Hände von Köchen sehen nicht so aus, dass man sie in einer Kosmetik-Reklame zeigen würde.

Was ich damit sagen will: Das Gesamtklima in gewerblichen Küchen ist stark von männlichem Gebaren geprägt. Erwartungen, Anerkennung, Ablehnung erfolgen vorwiegend nach männlichen Verhaltenskodizes. Ich weiß nicht, ob es stimmt, dass Paul Bocuse gesagt hat, Frauen gehörten ins Schlafzimmer, nicht in die Küche. Als Mann, der drei Frauen unterhält, wäre es ihm zuzutrauen.

Nicht so Johann Lafer. Meine Mutter liebt den Mann. Sie findet ihn »immer so nett«. Sie glaubt, Profiköche seien alle so ein bisschen lafer. Dabei verwechselt sie natürlich dessen Mundwinkeldeformation mit einer freundlichen Miene. Ganz anders der britische Fernsehkoch Gordon Ramsey. Der äußert sich normalerweise über alles und jeden im Küchenbereich so, dass Empörung garantiert ist. Was glauben Sie also, hat er über kochende Frauen auf Lager? Natürlich befand er gnadenlos: »Frauen können nicht kochen!« Dem Fernsehmagazin *Radio Times* sagte er, viele junge Frauen könnten eher einen Cocktail mixen als eine Mahlzeit auf den Tisch bringen. Immerhin. »Wenn sie essen«, wird er zitiert, »mogeln sie. Bei ihnen gibt es nur Fertiggerichte und Tiefkühlmahlzeiten.«[103] Skandal! Empörung! Viele junge Britinnen, meinte er dann noch, könnten »nicht mal gut genug kochen, um sich selbst vorm Verhungern zu bewahren«. Dagegen fänden immer mehr Männer den Weg in die Privatküche. Zumindest da ist was dran. Und außerdem: So schlecht wie der Durchschnitt der Frauen kocht der Durchschnitt der Männer wahrscheinlich auch.

Dafür dass Frauen durch und beim Kochen einen geringen gesellschaftlichen Status erlangen, Männer aber einen hohen, hat Jamie Oliver eine scheinbar politisch korrekte Erklärung, die ihre Arroganz erst beim zweiten Lesen entfaltet: »Wenn Männer besser kochen wollen, dann müssen sie ihren ganzen Männermut zusammennehmen und schlicht femininer werden. Und wenn Frauen die besseren Köche sein wollen, dann müssen sie den inneren Kerl in sich entdecken.«[104]

Jetzt zu einem anderen Komiker: Was 1966 dem deutschen Kinopublikum in dem geschmacklosen Streifen *Oscar hat die Hosen voll* (Originaltitel *Le grand restaurant*) serviert wurde, würde heute jeden halbwegs des Essens Kundigen erbrechen lassen. Louis de Funès fand es besonders komisch, darin einen Patron zu spielen, der sich verkleidet und dann die Angestellten in seinem eigenen Restaurant schikaniert. Wer hat sich bei diesem müden Scherz eigentlich jemals vor Lachen auf die Schenkel geschlagen? Die Schilderung des entwürdigenden Arbeitsplatzes Restaurant ist in diesem Streifen das Einzige, was nicht übertrieben wirkt.

Sicher wahr ist, was Anthony Bourdain über Frauen schrieb, »die sich in einem Universum mit derart hohem Testosteronspiegel gut behaupten können«: Sie sind ausgesprochen rar.[105] Alfred Walterspiel, Küchenchef in der ersten Hälfte des 20. Jahrhunderts, traute einer Kaltmamsell nicht einmal die Aufgaben zu, Gemüse, Suppen und Beilagen zu kochen, und ließ das lieber von deren männlichem Pendant, dem Entremetier, erledigen. Und bei der Küchenbeschließerin, der Frau, die sich um die Wäsche und die Putzmittel kümmert, mit dem eigentlichen Kochen also nichts zu tun hat, schränkte er gleich ein: »Nur wenige Frauen bringen alle Qualitäten mit, um den vielseitigen Ansprüchen, die man an die Küchenbeschließerin stellt, gerecht zu werden.«[106]

Da hat sich mittlerweile einiges geändert. Vincent Klink etwa, Sternekoch und Küchenliterat aus Stuttgart, behauptet, dass die drei weiblichen seiner insgesamt acht Köche eine bessere Kondition hätten als die männlichen.[107] Wenn sich eine Frau das antut, ist sie mutig genug. Ich bin ein Mann und ich weiß, was ich mir zumuten kann. Das nicht.

Suppenkasper

Es ist gar nicht lange her, nämlich 2010, da ließ die Firma Maggi einen Werbespot produzieren, in dem ein Mann, der wohl als »cooler Typ« angesehen werden sollte, gestand, dass er Suppen liebe. Und genauso sehr liebe er natürlich auch seinen Neffen Kai, um den er sich jeden Mittwoch zu kümmern habe. Kais Mutter lege Wert darauf, dass ihr Sohn viel Gemüse zu sich nehme. Prompt gehorchte der gute Onkel und kochte seinem Neffen eine Maggi-Suppe mit Gemüseklößen. Der Rotzbengel hatte die Aufgabe, so zu tun, als ob ihm die Suppe richtig gut schmecke. Zur Strafe wird er wohl im nächsten Til-Schweiger-Film eine ellenlange Glücklichsein-Schlussszene mitspielen müssen. Die Werbung richtete sich natürlich nicht an Männer, sondern an Frauen, denen der Eindruck vermittelt werden sollte, diese Tütensuppe verleihe ihnen Macht über Männer.[108] So ausgefuchst sind die Werbefiffis! Außerdem wird für die öde Tütensuppe mit einem attraktiven Mann ein noch immer ungewohnter Kunde präsentiert, der das altertümliche Produkt in den Zusammenhang eines scheinbar neuen Rollenverhaltens stellt – das es so nur in der Supp-Kultur dieses Herstellers gibt.

Die Kulturgeschichte der Suppe haben andere längst geschrieben.[109] Frauen lieben Gemüsesuppe, dünne Gemüsesuppe und ohne Fleischeinlage, wohlgemerkt. Wie aber steht es um das Verhältnis von Männern zur Suppe? Dass sie sich gerne eine Suppe kochen lassen, um sie genussvoll zu löffeln, ist bekannt. In größeren Städten gibt es dazu eigene Suppenbars. Da kann man Suppe essen und nichts anderes. Auch das ist ein Geschäftsmodell. Kochen Männer aber auch selbst Suppen? Thies Völker führte eine »alltagswissenschaftliche Testreihe« in norddeutschen Männerwohnungen durch. Dabei fand er folgende Top Drei der beliebtesten Männersuppen: Knobi-Krabbensuppe, Boh-

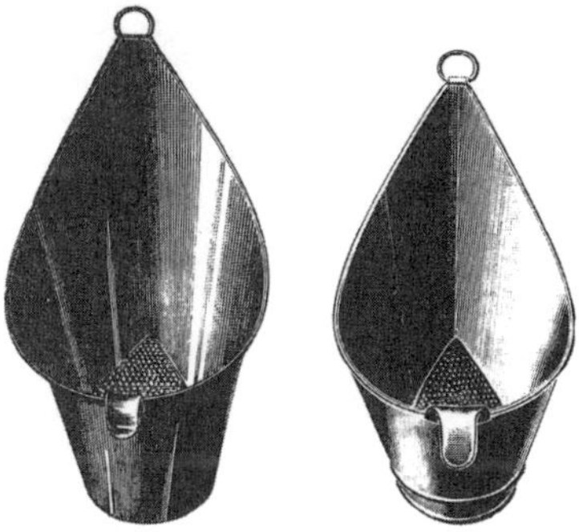

Boullionsiebe, Spitzsiebe, prima Qualität. Weissblech, mit fein gestemmtem Blechboden.
Natürlich kochen und essen Männer auch Suppen, allerdings weniger Bouillon als Bohnenerbsenlinsenspeckundzwiebelsuppe, jedenfalls immer mit viel Speck und viel Zwiebeln.

nensuppe, Currysuppe.[110] Alle diese Suppen werden mit viel Speck und Zwiebeln zubereitet. Nichts Raffiniertes, macht aber satt, ist deftig und der Mann riecht danach sehr intensiv. Allein diese kleine Testreihe zeigt, dass Suppe mit Gemüseklößchen sicher nicht Männer zur Zielgruppe hat. Als Empfehlungen für »kräftige Suppen, die Männern munden« fand ich dann noch Käse-Hackfleisch-Lauchsuppe (mit viel Speck und Zwiebeln), Reis-Hackfleischsuppe (mit viel Speck und Zwiebeln) und Kartoffel-Gemüse-Wurstscheibensuppe (mit viel Speck und Zwiebeln). Von vielen Suppen wird versprochen, dass sie nicht nur kräftig, sondern auch wärmend seien. Dabei vergessen die Autoren (oder Autorinnen?) offensichtlich, dass Männern so gut wie nie kalt ist. Das ändert sich bei prekären sozialen Situationen (gleichzeitiger Verlust von Arbeitsplatz, Frau und Wohnung), in denen auch Männer das Wärmende der Suppe zu schätzen wissen.[111]

Die Kräftigkeit einer Suppe wird offensichtlich an deren besonders dickflüssiger Konsistenz gemessen. Man spricht von »flüssig bis breiig«. Echte Suppen-freunde verwenden für die Konsistenz selten den Begriff »sämig«, wohl aber »suppig«. Sie bewerten die Qualität von Tütensuppen in der Testreihe mit den Prädikaten »grottig«, »grausig«, »gähn«, »geht so«, »guti« und »genial«. Grottige Produkte zeichnen sich demnach dadurch aus, dass sie eklig, schleimig, glibberig, fad, wässrig, widerwärtig, hautig, ungut lachsfarben, von kleistriger Konsistenz sind. Genial sind Tütensuppen nach Meinung der unabhängigen Suppentester dann, wenn sie fein komponiert sind, cremig, wohldosiert und unaufdringlich.[112] Und die unabhängigen Suppentester sind natürlich Männer, nämlich Jochen Reinecke und Florian Meerwinck, von denen nach ihrem Selbstzeugnis einer kochen kann, der andere nicht.

Am allerwenigsten scheint von Männern eine dünne Suppe geschätzt zu werden, erst recht wenn sie, wie in einer beliebten Rechenaufgabe, durch Regen verwässert wird: In einem Topf, der im Freien steht, sind 100 Liter Suppe mit 98 Prozent Wassergehalt. Weil der Topf keinen Deckel hat, regnet es hinein. Die Suppe hat am Schluss einen Wassergehalt von 99 Prozent. Wie viel Liter Suppe sind jetzt im Topf? Die Lösung gibt es in dieser Fußnote.[113]

Eine dünne Suppe gilt prinzipiell als Zeichen von Armut, wenn nicht gar Geiz. So auch im Erzgebirge: »Neidorf, de bist su eh richtiges Suppendorf, nischt anneres als eh dünne Supp' kriegt mer überoll ze aaßen!« Die Bewohner von Neudorf rechneten sich die Beschimpfung als Suppendorf zur Ehre an und eröffneten ein Suppenmuseum.[114]

Männer sind *keine* Schnapsdrosseln

Ich koche mit Wein. Manchmal tue ich ihn auch ans Essen. Ich koche auch mit Bier, das tue ich sogar vorwiegend ans Essen, nämlich an die Karbonade, die belgische Variante des deutschen Gulasch. Männer in Bamberg kochen Schäuferla in Biersoße, Bierhaxe oder Bacchus-Kaninchen, Zanderfilet auf Wein-Calvados-Sahne und Hähnchenbrust mit Rieslingschaum.[115]

Den Beweis für meine These, dass Männer mehr Alkohol beim Kochen verwenden als Frauen, wollte ich, wie bei der Beobachtung, dass Frauen sich eher zum Dekorieren hinreißen lassen, durch eine schlichte Statistik der entsprechenden Kochbücher erbringen. Das Ergebnis: Es klappt nicht. Etwa ein Drittel der Bücher zum Kochen mit Bier sind von Männern verfasst, ein Drittel von Frauen und ein Drittel von gemischtgeschlechtlichen Autorenteams. Bei Wein sieht es genauso aus: keine starke Männerdominanz.

Wie komme ich dann auf die Idee, Männer würden eher mit Alkohol kochen als Frauen? Schmorbraten, abgelöscht mit Wein, Gemüse in Bierteig, Tiramisu mit Likör? Es liegt wahrscheinlich am allgemein höheren Alkoholkonsum von Männern, den ich auf ihr Kochverhalten projiziert habe. Und beim Kochen haben sie auch noch die Ausrede, der Alkohol verdunste ja beim Garen. Selbst Fachleute, die sich intensiv mit dem Thema beschäftigt haben, behaupten das. Lediglich das Aroma des Alkohols verbleibe in den Speisen.[116] Das stimmt aber gar nicht, jedenfalls nicht ganz. Es bleibt nämlich noch ein guter Anteil Alkohol in den Speisen, natürlich immer mehr, je kürzer sie erhitzt wurden. Reiner und nur reiner Alkohol siedet nämlich

Fasshahnen, Pflaumenholz, polirt, mit Zinauslauf und Schlüssel. Aus so einem Hahn kann Bier, Wein oder Schnaps gezapft werden. Männer aber kochen nicht mit mehr und auch nicht mit weniger Alkohol als Frauen.

bei 78 Grad. Nach einer halben Stunde Kochen sind in einer Soße noch 35 Prozent des zugegebenen Alkohols enthalten, nach zweieinhalb Stunden immer noch fünf Prozent.[117] Männer trinken die Droge deshalb eher, als dass sie damit kochen.

Die zivilisierteste Form des Biertrinkens ist die direkt aus der Dose. Die Dosen werden dabei in den Maßeinheiten einer »Herrenhandtasche« konsumiert. So wird der Sixpack korrekt diffamiert. Ein Sixpack: Schaff ich locker. Zwei Sixpacks: Schaff ich beim Länderspiel. Drei Sixpacks: Der Kumpel will auch was trinken. In Deutschland trinken Männer nach unterschiedlichen Statistiken im Durchschnitt (!) jede Woche etwa drei bis vier Liter Bier und 100 Milliliter Schnaps, Frauen dagegen nur etwa 1,2 Liter Bier. Der durchschnittliche Alkoholkonsum eines Deutschen lag 2007 bei 11,62 Litern reinen Alkohols pro Jahr. Am meisten wird in Frankreich (2005: 13,24 Liter), Irland (2006: 13,36 Liter) und in Tschechien (2007: 15,23 Liter) pro Kopf getrunken. Die Tendenz ist allgemein fallend, außer in Irland und Tschechien. Ich weiß das von HEIDI, einer Datenbank der EU-Kommission zu Gesundheits- beziehungsweise Krankheitsfaktoren.[118]

Hier noch eine Beobachtung zum Bierkonsum in Tschechien: In einem Gasthaus in Prag ein Bier zu bestellen ist fast so schwierig wie in Brüssel. Bier, gut, aber was für eins? Stark, stärker, am stärksten? Bitter, extra-bitter, super-bitter? Trüb, geklärt, halb geklärt? Lagerung im Tank, im Fass, im Eichenfass, und wenn ja, wie lang? Ich bin fast verzweifelt, habe dann aber einfach Pils bestellt. Die Rückfragen kamen prompt: »Budweiser? Urquell? Staropramen? Gambrinus?« Der in Deutschland üblichen Empfehlung »Bier auf Wein, das lass sein« folgen Briten übrigens nicht. Sie empfehlen dagegen *Beer after wine and you'll feel fine*. Hauptsache, genügend intus.

Aua! Küchen als Gefahrenherde

OSHA, die Europäische Agentur für Sicherheit und Gesundheitsschutz am Arbeitsplatz, ist eine offizielle Behörde im Auftrag der Europäischen Kommission und des Parlaments. Sie listet für Restaurantküchen folgende Gefahrenursachen auf:

Rutschen, Stolpern und Stürzen
Schneidegeräte und Messer

Verbrennungen und Verbrühungen
Manuelle Handhabung von Lasten und Muskel- und Skeletterkrankungen
Lärm
Gefahrstoffe
Druckgas in Getränkeanlagen
Arbeiten in heißer Umgebung
Feuer
Psychosoziale Risiken[119]

Ein Wunder, dass unter diesen Bedingungen in Restaurantküchen noch relativ wenig passiert. Dabei haben die OSHA-Leute noch vergessen, Unfälle durch Strom aufzulisten. Die Agentur hofft, dass sich die meisten Unfälle durch gute Organisation und Überwachung in Kombination mit einer effektiven Schulung vermeiden lassen. Das wäre schön.

Fangen wir mal mit den Verletzungen durch *Rutschen, Stolpern und Stürzen* an, der häufigsten Ursache von Unfällen im Gastgewerbe: Da ist es feucht auf dem Boden, denn der ist relativ kalt. Jegliche Feuchtigkeit kondensiert sofort. Und Feuchtigkeit ist ausreichend in der Luft, viel davon durch unnötig deckellose Töpfe mit unnötig sprudelnd kochendem Nudelwasser. Warum die Anweisung zum Kochen von Nudeln in sprudelnd kochendem Wasser und ohne Deckel ein fataler Küchenirrtum ist, hatte ich an anderer Stelle erklärt.[120] Viel Feuchtigkeit kommt auch durch Spülmaschinen in die Küchenluft. Bei kleinen Küchen sind sie oft im selben Raum aufgestellt und verwandeln die Küche beim Öffnen in ein Dampfbad. Durch scharfes Anbraten von

Fleisch (anstelle von zartem Niedrigtemperaturgaren) kommen kleinste Fetttröpfchen dazu. Im Laufe einer Schicht wird der Küchenboden, der aus hygienischen Gründen nicht rau sein darf, zu einer Fläche, auf der kein Halten mehr ist. Geeignete Schuhe sind eine Seltenheit. Dann muss alles auch noch schnell gehen, in schlimmen Fällen auch noch eine Treppe hoch oder runter.

Dann kommen die *Schnittverletzungen*. Zum Einsatz kommen außer den verteufelt scharfen Profimessern Schneidemaschinen, Fleischwölfe und Mixer. Diese Geräte müssen nicht nur benutzt, sondern auch gereinigt werden. Dabei passiert es meistens. Schnittwunden verursachen aber auch Gegenstände, die gar nicht zum Schneiden vorgesehen sind: Dosen, Deckelränder, Glasscherben.

Verbrennungen und Verbrühungen: Relativ glimpflich geht es ab, wenn man Hände oder Füße mit kochendem Wasser oder Brühe übergießt. Das kann man selbst machen oder ein anderer Döskopp, der sich im falschen Moment umdreht. Schwerere Verletzungen sind zu erwarten, wenn Mitarbeiter Öl oder Fett aus Fritteusen umfüllen, es zuvor nicht ausreichend abkühlen lassen und dann damit ausrutschen (siehe oben).

Und was meint die Arbeitssicherheitsagentur mit *»Manueller Handhabung von Lasten und Muskel- und Skeletterkrankungen«*? Tellerstapel, Geschirrspülkörbe und natürlich Töpfe und Pfannen. Muskeln, Gelenke, Sehnen, Bänder, Nerven, alles wird dauerhaft nicht nur ge-, sondern überfordert. Man spricht von kumulativen Schädigungen. Sie entstehen durch Belastungen hoher oder niedriger Intensität über einen längeren Zeitraum. Ich will es nicht unterlassen, hier eine deutliche Warnung an die Freunde der ach so gut bratenden stählernen Pfannen auszusprechen.

Lärm: Da hätten wir Kochgeräusche, das Zischen, das Brutzeln, das Schmurgeln, Signaltöne (irgendwo piept und dudelt immer ein Gerät, das gerade »fertig« meldet), Geschirrspüler (roah, roah, roah), Dunstabzugshauben, die ein nicht mehr wahrgenommenes Dauerdröhnen erzeugen, von dem Profiköche glauben, es seien Sphärenklänge. Außerdem gibt es Kaffeemühlen, scharf und hochtönend und hoffentlich gleich vorbei, Musik, weil der Kollege behauptet, er könne ohne dieses Dauerdudeln nicht arbeiten.

Dabei kann er selbst schon gar nichts mehr hören. Durch den dauerhaften Küchenlärm ist er nämlich längst so gut wie taub, weigert sich aber, das zuzugeben. In den meisten Gastronomieküchen ist es nicht nur heiß und feucht, sondern auch so laut, dass Köche Ohrenschützer tragen müssten wie das Flughafenpersonal auf dem Rollfeld oder Bauarbeiter, die mit einer Trennschleifmaschine arbeiten. Haben Sie mal beobachtet, wie viele das wirklich tun? Hörschäden sind eine unausweichliche Folge, beim Bau wie in der Küche. Ein schwerer Hörschaden ist auf jeden Fall vorauszusehen, wenn man in einer österreichischen Küche arbeitet oder in einer Küche, in der ein Österreicher arbeitet. Köche in und aus dem Schnitzelländchen können sich das ebenso unnötige wie ohrenbetäubende Fleischklopfen einfach nicht abgewöhnen. Wer diesen Lärm aus Küchen herausdringen hört, ist jedenfalls gewarnt: Hier wird nicht auf Zartheit Wert gelegt, sondern nur auf rohe Gewalt.

Gefahrstoffe: In Chemielaboren tragen alle Leute beim Umgang mit Gefahrstoffen Schutzbrillen, Handschuhe, Atemschutz. Nicht so in der Küche. Recht sorglos werden Spülmittel, Klarspüler, Abflussreiniger, Backofenreiniger, Desinfektionsmittel, WC-Reiniger, Bleichmittel, Sanitärreiniger, Entkalker verwendet. Diese

Ventilatoren, rund, Weissblech, mit Windrad und verstellbarer Messingrosette.
In gewerblichen Küchen rattern Ventilatoren und gleichzeitig rauschen mehrere Dunstabzugshauben und in den Töpfen brodelt's und in den Pfannen zischt's und der Quirl jault und die Kaffeemaschine macht sowieso einen Höllenlärm. Das aber ist nur die Geräuschkulisse. Dazu kommen noch jede Menge Gefahren, die von Köchen wesentlich mehr Mut und Geschick erfordern als von Bungee-Springern.

hilfreichen Mittel kommen mit der Haut oder mit den Augen in Kontakt, ihre Dämpfe werden eingeatmet und in Extremfällen werden sie sogar verschluckt. Wie das? Weil, ein häufiges Szenario, der Rest aus dem Zehn-Liter-Tank in eine kleine Flasche umgefüllt und nicht ordentlich beschriftet wurde. Kommt immer wieder vor.

Druckgas in Getränkeanlagen: Damit ist Kohlendioxid gemeint. Als Gas für Getränkespender wird vorwiegend Stickstoff, also Kohlendioxid, verwendet. Das Gefährliche daran: Es ist geruchlos, farblos und es verdrängt Sauerstoff. Wenn eine Gasflasche im Keller also nicht richtig angeschlossen wurde, und das kann im hektischen Abendbetrieb nur allzu leicht passieren, strömt das Kohlendioxid in den manchmal sehr kleinen Kellerraum und beim nächsten Wechsel – »Was, schon wieder kein Druck mehr?« – kippt der Mitarbeiter ohnmächtig um. Wenn er nicht bald gefunden wird, ist er tot. Wenn sich gutwillige Helfer ohne Sauerstoffgerät in denselben Keller begeben, um ihn zu retten, kann sie dasselbe Schicksal ereilen. Ist ein Mensch dauerhaft einer schwachen Kohlendioxidkonzentration ausgesetzt, kann es zu Kopfschmerzen, Schweißausbrüchen, schneller Atmung, beschleunigtem Herzschlag, Kurzatmigkeit, Schwindel, Niedergeschlagenheit, Sehstörungen und Schüttelfrost kommen. Auch nicht schön. Außer Kohlendioxidvergiftungen treten gelegentlich auch Kohlen*monoxid*vergiftungen auf, wenn viele Gasherde gleichzeitig betrieben werden, die Abluftanlage aber nicht oder nicht ausreichend funktioniert.

Arbeiten in heißer Umgebung: In Küchen ist es nun einmal heiß. Im Sommer erst recht. Manche Menschen bekommen davon einen Hitzeausschlag oder sie werden ohnmächtig. Hitzschlag, Hitzeerschöpfung und Hitzekrämpfe können folgen.

Feuer: Natürlich kann es in Küchen leicht brennen. Gas, offene Flammen, heißes Öl, leicht entflammbare Stoffe gibt es dort zuhauf. Außerdem Fonduebrenner, auch Rechauds genannt. Die Dinger können umkippen, beim Befüllen überlaufen, komplett in Brand geraten. Oder es gibt Flammen, die absichtlich erzeugt werden und dann außer Kontrolle geraten, wie beim Flambieren. Ja, es gibt Gaststätten, in denen das noch gemacht wird. Es sind nicht die besten, aber mit dieser Show lassen sich Gäste noch immer blenden. Leider nicht nur Gäste, sondern auch Küchenpersonal. Bei reichlicher Alkoholverwendung (innerlich und äußerlich) kann einem schon mal eine Flamme ins Gesicht schlagen. Anthony Bourdain fand es an einem gewissen Punkt seiner Küchenkarriere ungeheuer komisch, die Küche allabendlich in ein Inferno zu verwandeln.

Verbrennungen entstehen natürlich nicht nur durch Flammen, sondern auch durch heiße Gegenstände. Die von Dampfdrucktöpfen ausgehenden Gefahren werden leicht unterschätzt. Viele Menschen haben Angst davor, weil sie glauben, diese hilfreichen Küchengeräte könnten explodieren. Das können sie zwar nicht, aber gefährlich sind Dampfdrucktöpfe trotzdem. Ich kenne jemanden – und ich werde seinen Namen verschweigen, wie es eine Mumie würde –, der sich bei mir darüber beklagte, dass beim Öffnen immer die ganze Küche unter Dampf stehe und es einen Höllenlärm gebe. Ich konnte das zuerst nicht verstehen, erfuhr aber dann, dass er den Topf bisher öffnete, ohne ihn vorher unter Wasser abzukühlen. Ich atmete ganz tief durch und erklärte ihm das notwendige Vorgehen. Dass er sich bei seiner Methode keine schweren Verbrennungen zugezogen hatte, war ein reines Wunder.

Und was meinen die Arbeitsschützer mit Gefahren durch *psychosoziale Faktoren*? Da geht es um die mentalen Anforderungen der Arbeit, etwa um »Mangel an Kontrolle über die eigene Arbeit« und »fehlende Unterstützung durch Kollegen und Vorgesetzte«. Die Arbeitszeiten im Gastgewerbe sind eine Katastrophe:

47,5 Prozent der Arbeitnehmer haben mindestens einmal im Monat einen Arbeitstag von zehn Stunden oder mehr.

Die Beschäftigten arbeiten im Durchschnitt 43,4 Stunden in der Woche.

71 Prozent arbeiten abends zwischen 18.00 Uhr und 22.00 Uhr.

45 Prozent arbeiten nachts zwischen 22.00 Uhr und 5.00 Uhr.

83 Prozent arbeiten samstags und 69 Prozent sonntags.

36 Prozent geben an, dass sich ihre Arbeitszeiten schwer mit der Familie oder ihren sozialen Verpflichtungen vereinbaren lassen.[121]

Die Zahlen sind nicht ganz neu, nämlich von 2002, an den Arbeitsbedingungen im Gastgewerbe hat sich aber seitdem nicht viel geändert, jedenfalls nicht zum Besseren.

Woran die OSHA nicht einmal gedacht hat: *Unfälle durch Stromschläge*. Sie denken vielleicht auch, in Profiküchen werde immer mit Gas gekocht. Das stimmt zwar weitgehend, außer den Herden gibt es aber noch Kühl- und Gefriergeräte, Geschirrspüler, Mikrowellen, Küchenmaschinen, Hand- und Stabmixer, Getreidemühlen, Entsafter, Fritteusen, Brotschneidemaschinen, Toaster, Plattengrills, Salamander und *jede Menge* technischen Geräts, das mit Strom betrieben wird. Kurzschlüsse durch Feuchtigkeit, blanke Kabel durch unbemerktes Dauerscheuern oder Schnitte, angeschmorte Kabel, lockere Steckdosen: alles möglich und auch immer wieder vorkommend.

Was hat das alles mit kochenden Männern zu tun? Es zeigt, dass Küchen *extrem* gefährliche Arbeitsplätze sind. Starkstrominstallationen und Hochofenabstiche könnten kaum gefährlicher sein. Und wer macht Starkstrominstallationen und Hochofenabstiche? Männer. Jedenfalls die Sorte Männer, die sich das zutraut. Und ich gehöre, wie gesagt, nicht dazu.

In gewerblichen Küchen stehen, was jetzt vielleicht verständlich ist, auch vorwiegend männliche Köche, eine Berufsgruppe, die den Status der Dienerschaft noch längst nicht überwunden hat. Das *Damen Conversations Lexikon* von 1834 definierte den Koch als »derjenige männliche Diener, dem in großen Häusern und Wirthschaften die Oberaufsicht über die Zubereitung der Speisen anvertraut ist«.[122] Und bevor das Protestgeschrei losbricht, hier die entsprechende Definition zur Köchin: »Diejenige weibliche Dienerin, welcher in den Häusern des Mittelstandes die Bereitung des Mahles übertragen ist.«[123] Dann aber gibt es doch Unterschiede, die uns Heutigen nicht mehr so gut schmecken: »Sie muss jederzeit verstehen, die sogenannte Hausmannskost schmackhaft zuzurichten, und wird nach dem höhern und niedern Grade ihrer Kenntniß im Küchendepartement gelohnt.«[124]

Aufschlussreich für die Kulturunterschiede nicht nur der Zeiten, sondern auch der Länder, ist die Aussage in diesem Lexikon zur Rolle der Frau bei der Speisenzubereitung in »südlichen Ländern«, unter denen in diesem Fall Italien, Spanien, Portugal und das »Morgenland«, also etwa die heutige Türkei, zu verstehen sind: »In den südlichen Ländern nimmt das weibliche Geschlecht wenig Theil an der Besorgung des Tisches, und da dort das Essen überhaupt keine solche bedeutende Angelegenheit ist wie in weniger warmen Gegenden, so kann der Hausherr leicht, wie so oft geschieht, in Ermangelung eines Dieners, das dürftige Mahl bereiten, während seine Dame dem süßen Nichtsthun hingegeben, ruht. Von Köchinnen ist in Italien, Spanien, Portugal und den Morgenländern nie die Rede.«[125] Zitieren Sie das bloß nicht, wenn Sie mit einer Italienerin, einer Spanierin, einer Portugiesin oder eine Frau aus dem Morgenland sprechen. Sie könnte den feinen Unterschied, dass es sich um ein Zitat aus dem frühen 19. Jahrhundert handelt, glatt überhören und daraus Rechte zum »süßen Nichtsthun« ableiten.

Das verlogenste aller Rituale – Gemeinsames Kochen mit Freunden

Nietzsche ist schuld. Ja, *der* Friedrich Nietzsche, den ich bisher für einen Hammer-Philosophen gehalten hatte, zumindest für einen, der mit dem Hämmerchen der Skepsis die alten Wahrheiten auf ihre hohlen Inhalte hin abklopfte. Und was schreibt der Mann in sein berühmtestes Buch, den *Zarathustra*? »Also wollen wir in Kürze eine gute Mahlzeit machen. Wer aber mit essen will, muss auch mit Hand anlegen, auch die

Könige. Bei Zarathustra nämlich darf auch ein König Koch sein.«[126]

Das war die Geburt des gemeinsamen Kochens mit Freunden. Ein Ritual, das nur Übermenschen schadlos überstehen können. Lebewesen brauchen Nährstoffe. Die Zubereitung von Nahrung dient, sollte man meinen, der leichteren Verdauung und damit der Zufuhr von Nährstoffen. Menschen brauchen aber mehr als Nährstoffe. Menschen brauchen Rituale. Ohne Rituale fühlen sie sich nicht wohl, nehmen bald keine Nahrung mehr zu sich und das war's dann.

Die Rituale rund ums Kochen gehören sehr wahrscheinlich zu den ältesten überhaupt. Gemeinsames Kochen ist nach gemeinsamem Essen ein hoch entwickeltes Ritual. Wer mit Freunden kocht, ist über das Stadium des Fondue-Abends hinaus, den lockt kein Raclette-Ofen mehr zum gemütlichen Beisammensein, der legt nichts mehr auf einen Heißen Stein und der schiebt auch keine am Tisch selbst komponierte Mini-Individual-Pizza in den Pizzadom und beteiligt sich in der Garzeit am angeregt plaudernden Geplänkel. Beim Kochen mit Freunden wird *richtig* gekocht!

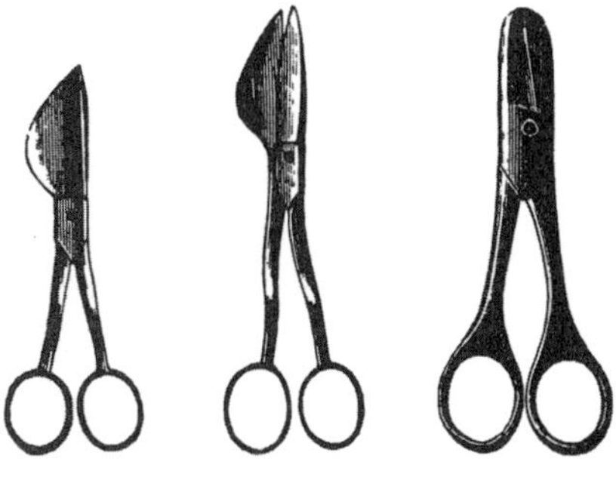

Dochtscheeren, Stahl, polirt, prima, mit Schutzrand.
Sie können entweder mit solchen Dochtscheren das Band Ihrer Freundschaft zerschneiden oder Sie veranstalten ein gemeinsames Kochen mit Ihren Freunden. Das Ergebnis dürfte das gleiche sein.

Kompromisslos, auf höchstem Niveau, mit garantierter Bewunderung für jede nicht auf dem Boden gelandete Quiche.

Kochen mit Freunden, gelegentlich auch mit Freundinnen, ist noch immer der Schrei von gesellschaftlich anspruchsvollem Geköchel: »Du, da machen alle mit. Jeder macht einfach das, was er am besten kann.« Und weil die meisten nichts können, außer Wasser anbrennen zu lassen, stehen sie mit ihrem Weinglas in der Küche herum und fragen ständig, ob sie noch irgendwas tun könnten. Theoretisch aber kennen alle Sich-am-Weinglas-Festhalter sich total gut aus, quaken unangreifbare Gemeinplätze, wie den von ihrem »eigentlich« demnächst ganz bestimmt reduzierten Fleischkonsum (um den Planeten zu retten), von besserer Qualität beim Hofladen (»Du, ich kenn' da einen, nur 50 Kilometer von hier«), von »fruher gab's noch« und »das mach' ich immer anders«. Damit machen die angeblichen Mitköche bloß klar, wie wenig sie überhaupt von Lebensmitteln, deren Geschichte, Zubereitung und politischen Abhängigkeiten wissen. Müssen sie ja auch nicht. Sie müssen aber auch nicht in Küchen herumstehen und dem verantwortlichen Koch mit ihrem angeblich politisch korrekten Besserwissen auf die Nerven gehen. Ich sag' in solchen Fällen freundlich zu den Freunden, dass sie sich doch schon rübersetzen könnten. Das machen dann auch prompt alle, nicht ohne zu betonen, dass sie mir auch weiterhin im Weg zu stehen bereit wären: »Du, wenn ich dir irgendwie helfen kann, sag einfach Bescheid.« Ich werd' mich hüten!

Ohne den geringsten empirischen Anhalt behaupten Journalisten in Kochzeitschriften, das gefährliche Zusammenbringen von Freunden oder wohl gar Arbeitskollegen in einer Küche werde »immer mehr zum Trend« und »immer beliebter«. Feste Hierarchien im Freundes- und Kollegenkreis, heißt es da häufig, würden beim gemeinsamen Kochen über den Haufen geworfen, zumindest etwas gelockert. Von wegen! Wer beim Partygeschwätz, in der Firma und beim Kantinentratsch den Ton angibt, der wird das auch in der Küche tun. Chef bleibt Chef und Knecht bleibt Knecht, gerade in der Küche. Und wer ausgerechnet bei einem Stressgeschäft wie dem Kochen auf demokratische Entscheidungen pocht, der wird wohl auch auf hoher See darüber abstimmen wollen, ob man dem Eisberg besser ausweicht oder auf ihn zuhält.

In der Zeitschrift *essen & trinken* wird auch behauptet: »Wer öfters zusammen kocht, wird schnell zum eingespielten Team.«[127] Ich halte das für sehr gefährlich, vor allem in einem etwas größeren Freundeskreis. Ein privater Kochkursanbieter traut sich sogar zu, außer Freunden Teilnehmer aus Firmen, Familien, Teams »zusammen kommen, zusammen kochen, zusammen genießen« zu lassen[128]. Er und viele weitere waghalsige Unternehmer veranstalten Betriebsfeiern, Firmenevents, Kochkurse, Teambildungsmaßnahmen. Viele davon scheinen mit Psychotherapeuten zusammenzuarbeiten. Fall Sie in diesem Zusammenhang das Wort »Teambildung« hören, sollten Ihre Alarmglocken läuten. Die beim Kochen angeblich aufgehobenen Hierarchien sind am nächsten Tag umso gefestigter. Die Peinlichkeit entspricht etwa der nach der Weihnachtsfeier, bei der Sie auch geglaubt hatten, Sie könnten sich in gelockerter Stimmung gegenüber dem Chef oder der Chefin ein paar Freiheiten erlauben. Selber schuld.

Küchengeräte, an die man sich nicht gern erinnert, hier – Der Römertopf

Gut, Sie kommen mit Ihrem Römertopf prima zurecht. Sie bereiten darin Super-Schlemmermenüs mit knusprigem Fleisch und zartem Gemüse, alles in einem Topf und trotzdem individuell seine jeweiligen Aromen entfaltend. Seien Sie froh! Ich schaffe so etwas nicht.

Wenn Sie das, so wie ich, nicht schaffen und wenn Sie nicht einmal wissen, was ein Römertopf ist, hier eine kleine Erklärung: Ein Römertopf, von einem einzelnen Hersteller auch »Schlemmertopf« genannt, ist ein zweiteiliges, unglasiertes Keramikgefäß urwüchsigster Formgebung. Zu den unterschiedlichen Benennungen kam es, weil sich ein Hersteller den Begriff »Römertopf«

Eisbüchsen mit Deckel, Weissblech, gerippt. Mit verziertem Boden und gelochtem Fuss und mit glattem, abnehmbarem Boden.
Kein Mensch dürfte sich noch daran erinnern, dass Eis noch bis weit ins 20. Jahrhundert hinein in solchen Eisbüchsen transportiert werden musste. Wohl aber dürften auch Sie sich daran erinnern, dass Sie einmal einen Römertopf geschenkt bekamen. Bloß: Wo ist das Ding eigentlich abgeblieben?

für sein Produkt gesichert hat. In den Siebzigerjahren waren solche Töpfe in Deutschland beliebte Geschenke. In den Siebzigerjahren, wohlgemerkt. Heute sind sie vereinzelt noch in Junggesellenhaushalten zu finden, verstaubt, unbenutzt, ganz hinten im Schrank.

Der Hersteller des »Schlemmer«-Tontopfs erklärt gleichwohl bis auf den heutigen Tag seine angeblich andauernde und sogar wachsende Beliebtheit, deren Grund vor allem in der Beliebtheit deftiger Gerichte im Kontrast zu feinen Speisen zu sehen sei: »Kenner des Marktes für ausgefallene kulinarische Spezialitäten wissen, dass die klassischen Delikatessen Hummer, Kaviar und Gänseleberpasteten nach wie vor ihre treuen Liebhaber zu verwöhnen verstehen [wie kluge liebreizende Damen].« Die Ergänzung mit den Damen taucht nur in der Originalschrift von 1964 bis 1973 auf. Bei der im Internet verfügbaren aktuellen Version wird diese Erläuterung nicht mehr gegeben.[129] Bei weitgehender Wortgleichheit sind auch andere Änderungen des Kochverhaltens nach 40 Jahren leicht aktualisiert worden. So ist statt von Kalbshaxen jetzt von Kalbssteaks die Rede.

So ganz auf der Höhe der Zeit wird das Kochgerät aber dennoch nicht präsentiert, wenn der Originaltext in folgender Passage über den Kundenkreis, der »die einfachen, die ursprünglichen, die bäuerlichen Genüsse« suche, unverändert beibehalten wird: »Frisches Bier vom Fass, eisgekühlter klarer Schnaps, westfälischer Knochenschinken, majorangewürzte Blut- und Leberwürste sind die gefeierten Günstlinge der Stunde, die noch keineswegs ihren Höhepunkt erreichten.« Na ja, seit 1964 hatten diese Deftigkeiten immerhin eine

Menge Zeit, zu ihrem Höhepunkt zu kommen, und ich behaupte, dass sie ihn genau zu der Zeit auch schon überschritten hatten. Vor allem der abschließende Wahlspruch des Schlemmertopf-Rezeptbuchs, der noch bis 1973 ohne Murren akzeptiert wurde, ist in diesem Zusammenhang interessant: »Eine gute Köchin mit klugem Kopf hat auch einen Schlemmertopf!«[130]

Von einem »klugen Koch« war nicht die Rede. Und ob die darin zubereiteten Speisen gesünder sind als die in normalen Töpfen gekochten und geschmorten, wage ich nicht zu beurteilen.

Männer mögen *un*gesundes Essen

Der Ernährungspsychologe Volker Pudel erklärte schon 1997, warum uns Männern gerade *un*gesundes Essen so gut schmeckt. Wofür brauchen Männer dann aber die ganzen teuren Gerätschaften, wenn sie doch nur Burger essen?

Ich hatte mich anfangs doch glatt verlesen und eine politisch korrekte Erläuterung befürchtet, warum *gesundes* Essen so gut schmecke.[131] Natürlich weiß Pudel, dass Reiche sich anders ernähren als Arme, Alte anders als Junge und eben auch Männer anders als Frauen. Soziologen ist das Thema Ernährung mittlerweile nicht mehr fremd, das Thema Kochen aber noch immer nicht ganz geheuer. Zum Thema Ernährung weiß Ulrich Tolksdorf, dass der Mensch »seine organischen Bedürfnisse fast ausschließlich mit tradierten, d. h. kulturellen Methoden« befriedigt. »Darüber hinaus erscheint Essen und Trinken auch als ein gesellschaftliches Operationsgefüge, das Orientierung und Kommunikation zwischen Gruppen und Individuen sicherstellt.«[132]

Soziologen schreiben so. »Gesellschaftliches Operationsgefüge«, hui! Und dieses »Operationsgefüge« stellt seinerseits Orientierung her. Was der Soziologe tatsäch-

Eierständer, Ahorn, matt, mit Füssen, zum Aufeinanderstellen, für 24 Eier. Mit demonstrativ »ungesundem« Essen kann man seinem Zweifel an modischen Ernährungslehren Ausdruck verleihen. Es gibt Leute, die essen 24 oder 48 Eier täglich. An deren Cholesterinspiegel ändert sich trotzdem nichts.

lich sagen will, ist, dass Essen und Trinken Ausdrucksformen sind. Damit, was man isst und wie man isst, teilt man seinen Mitmenschen etwas über sich selbst mit. Isst man demonstrativ Speisen, die nach derzeitiger Ernährungsdoktrin als ungesund gelten, heißt das seltener, dass es einem vollkommen egal ist. Eher gibt man damit seinem Zweifel Ausdruck, ob das nicht auch alles bloß Modeerscheinungen sind.

Berühmte Männer kochen

Nehmen wir ein paar Männer der Weltgeschichte als Beispiele: Platon, Jesus, Karl Marx, Karl May, Napoleon, Hitler. Gut, von denen ist nicht überliefert, dass sie als Köche einigermaßen talentiert gewesen wären. Und wie steht es mit den Männern der etwas bescheideneren Prominenz? Etwa Fürst Hermann von Pückler-Muskau, Jean Anthèlme Brillat-Savarin, Jacob Burckhardt, Wolfram Siebeck, Ludger Fischer. Pardon, zu dieser Sorte Prominenz zähle ich nicht. Eines aber habe ich mit den Männern der zweiten Liste gemeinsam: Obwohl wir reine Amateurköche sind, können – oder konnten – wir alle ein Ei in die Pfanne hauen, und auch bei einem dreigängigen Menü stellen – oder stellten – wir uns nicht allzu tölpelhaft an.

Milchkanne, Milchpitschen, Weissblech, conisch, mit verzinntem Bandeisenfuss, gefüttertem Blechbügel und Handgriff. Mit offenem Ausguss.
Ohne Milch kein Käse, ohne Käse kein erfülltes Leben, jedenfalls nicht in der Schweiz, auch nicht für »berühmte« Schweizer.

Elsie Früh und Harro Lang haben 1961 einmal versucht zu beschreiben, was passiert, wenn berühmte Männer kochen.[133] Der Versuch ist, das kann man heute sagen, gründlich schiefgegangen. Bei den »berühmten Männern« handelte es sich ausschließlich um Schweizer, Regierungsräte, Nationalräte, die in den Sechzigerjahren in der Schweiz weltberühmt gewesen zu sein scheinen. Der Bekannteste war vielleicht noch der Bandleader Hazy Osterwald. Und was kochte der Mann? Spargelcremesuppe. Eigentlich nicht einmal Spargelcremesuppe, sondern den zusammengekippten Dosenkram aus »1 Büchse Spargelspitzen, pro Person 1 Esslöffel Mehl, 1 Fleisch-Bouillonwürfel, etwas Milch, 1 Eigelb, ein wenig Butter, Schnittlauch und 1 dl Rahm«[134]. Auf das durch und durch anspruchslose Essen zauberte Hazy mit einer Spritzpistole aus Sahne »hübsche Muster auf die Suppe«. Guten Appetit!

Der einzige Profikoch, der in diesem Berühmte-Männer-Kochbuch zu Wort kommt, Gusti Egli aus Zürich, hat auch noch einen wirklich falschen Tipp parat: »Champignons dürfen nie lang im Wasser liegen, da sie sofort Wasser ziehen!« So weit, so falsch, aber das war ein nicht nur 1961, sondern noch bis vor Kurzem verbreiteter Küchenirrtum.[135]

Berühmte Männer kochen molekular

Molekulargastronomie ist der letzte Schrei. Natürlich nur bei Männern. Für solcherlei Spirenzchen lässt sich von Frauen wenig Bewunderung erheischen. Von Männern dafür umso mehr.

Molekulargastronomie ist praktisch die Gegenbewegung zur Nouvelle Cuisine. Hatten sich deren Vertreter, allen vorankochend Paul Bocuse, bemüht, die Methoden und Materialien der Lebensmittelindustrie zu meiden, werden sie von den Molekularköchen, allen vorankaspernd Ferran Adrià, begeistert und großzügig angewendet, und das wesentlich großzügiger, als es sich die schief beäugte Industrie erlauben würde, könnte und dürfte.

Die Küchenchefs setzen die Grenzwerte für die Verwendung gesundheitlich bedenklicher Substanzen gleich selbst fest. Anstatt auf die Bedingungen zu achten, unter denen Speisen aromatisch und gut verdaulich hergestellt werden, kümmern sich Köche, die glauben, damit ihr Image aufbessern zu können, um Schäume und Gelees und Schockgefrorenes und solchen Schnickschnack. Sie tischen Olivenöl-Spiralen aus 58 Prozent Isomalt auf, »zarte Bohnenbällchen« mit 20 Prozent verquollener Methylcellulose, Pilze im Carrageen-Mantel, die aussehen wie in Bernstein eingeschlossen. Der Spanier Quique Dacosta betrügt nicht, wenn er »Falschen Trüffel« serviert, aber ich winde mich, den Mann »Koch« zu nennen. Das, womit er bekannt wurde, hat mit Kochen wirklich gar nichts zu tun. Beliebte Zutaten dieses »Kochs« sind Aloe vera, Gold und Silber. Er erfand auch einen »Cuba Libre« von der Gänseleber.

Hier das Rezept für den »Falschen Trüffel«: 160 Gramm Gelatine, zwölf Gramm Trüffelöl, 500 Gramm Sojamilch, 800 Gramm Mannitol. Günstig in der Herstellung, aber auch gut? Ich bin ja nicht pingelig, was Zusatzstoffe betrifft, besonders wenn in der Massenherstellung sichere und trotzdem schmackhafte *und* preiswerte Lebensmittel produziert werden sollen. Bei einem Sternekoch, bei dem ein Menü nicht unter 200 Euro pro Person zu kriegen ist, wundert mich der exzessive Einsatz von Mannit aber schon. 800 Gramm ist übrigens kein Druckfehler. Der Hersteller empfiehlt etwa zwei Gramm pro Kilo Endprodukt, in Ausnahmen auch mal vier bis sechs Gramm. Mannit ist ein Zuckeraustauschstoff und unter der Nummer E 421 für den menschlichen Verzehr zugelassen. Man kann ihn in kleinen Mengen prima einsetzen bei der Umhüllung von Dragees oder in Kaugummi. Mannit ist aber auch ein Arzneimittel zur osmotischen Diurese. Es dient dazu, Wasser im Harn zurückzuhalten. Es wird, habe ich mir sagen lassen, vor allem bei großem Blut- und Flüssigkeitsverlust nach Operationen eingesetzt. Gutes Material, aber was hat es in der Küche zu suchen? Und dann in solchen Mengen! Mögliche Neben-

Eismaschine mit Holzkübel, starker verzinnter Blechbüchse und Rührwerk. Natürlich ist so eine Eismaschine auch eine Art Molekularküchenutensil: Aus Flüssigkeiten werden Eiskristalle gebildet. Bloß hat das, abgeleitet vom spanischen Wort *hielo* für »Eis«, bisher noch keiner *Hielificación* genannt.

wirkungen sind Kopfschmerzen, Übelkeit, Durchfall, Blähungen, Erbrechen, trockener Mund, Stimmungsänderungen, Atemnot, unkontrollierte Muskelbewegungen (Zittern). Das alles sind *keine* allergischen oder allergieähnlichen Reaktionen auf diesen Stoff, sondern konsequente Folge seiner Wirkung. Von der Aufnahme von mehr als 50 Gramm täglich wird deshalb allgemein abgeraten. Wenn Sie also planen, bei Herrn Dacosta essen zu gehen, fragen Sie vorher bitte Ihren Arzt oder Apotheker.

Überhaupt drehen die Spanier im Moment kräftig

am Rad der Austauschstoffe, die sie offensichtlich für ungeheuer hip halten. Hier ein Menü von Paco Roncero:

Schinkenkroketten (Sphärisierung)
Miesmuscheln mit Erbsen-Kerbel-Salat (Xanthan)
Parmesankäse (Xanthan + Johannisbrotkernmehl)
Safranfolie (Gellan)
Maccaroni Perigourdine (Gellan)
Blinis aus Olivenöl mit Kaviar (Methylcellulose)
Kartoffelgnocchi und Consommé aus Ofenkartoffeln (Methylcellulose)
Reis mit Huhn und Hummer (Methylcellulose)
Cannelloni aus Milchhaut mit einer Foie-gras-Füllung
Civet vom Kaninchen mit warmer Apfelgelatine (Agar-Agar)
Kartoffel-Espuma mit Pilzen (Agar-Agar)
Parmesanspaghetti (Agar-Agar)

Da kommt ganz oft Methylcellulose vor und ich Dummi musste wieder nachschlagen, was das ist. Es ist der Hauptbestandteil von Tapetenkleister. Ein großer deutscher Hersteller nennt seinen Kleister deshalb auch »Metylan«, Chemiker nennen den Stoff Cellulosemethylether, und als Lebensmittelzusatzstoff ist er unter der Nummer E 461 zugelassen. Man kann ihn in der Bauindustrie gut einsetzen, etwa bei Mörtelmischungen. Das schleimige Zeug findet auch in der Pornofilmindustrie großen Absatz als Ersatzstoff für Na-Sie-wissen-schon. Nichts für Leute mit Blennophobie. Sehen Sie mal nach, was das wieder heißt!

Man kann Methylcellulose gut benutzen als Verdickungsmittel und Emulgator bei der Herstellung von Instantprodukten, bei Tiefkühlkost, Speiseeis, Backwaren, Kuchencremes und Mayonnaise. In *echter* Mayonnaise ist natürlich nur Eigelb, Öl und ein Spritzer Zitronensaft, aber in Pseudo-Mayonnaise, die den Schlankheitsfreunden als Ersatz dient und auf der immer so etwas wie »leicht«, »schlank« oder »gesundundlecker« steht, ist fast immer Methylcellulose drin. Ich behaupte: Man schmeckt das. Vielleicht leide ich aber auch unter Fantogeusie, da schmeckt man was, obwohl gar nichts zu schmecken ist. Man kennt das vom »Fleur de Sel«, von dem Hobbyköche, die wenig Ahnung haben, sich aber interessant machen wollen, behaupten, es enthalte ganz andere Aromen als schlichtes Speisesalz.

Aus dem »Texturas«-Katalog des Zusatzstoffhändlers Ferran Adrià kann man alles bestellen, was man für die angeblich weiterführenden Experimente mit Lebensmitteln so braucht. Sagen wir mal, Sie hätten vor, eine *Spherificación* zu machen, eine *Gelificación*, eine *Emulsificación*, oder Sie wollen etwas eindicken (heißt das dann *Dickificación*?). Da gehen Sie einfach in den Zusatzstoff-Online-Laden und besorgen sich die notwendigen Pülverchen.

Besonders die Spherificación finde ich allerliebst. Ein Gelier- und Auflösewahn der Extraklasse. Gibt es dafür eigentlich ein deutsches Wort? Ich würde es sonst »Kügelchendrehen« nennen. Adrià macht das mit dem Algen-Geliermittel Natriumalginat. Zur *Gelificación* (ich würd's mit »Glibberisierung« übersetzen) gibt es statt der traditionellen Gelatine in der Molekularküche Agar-Agar (E 406), Gellan (E 418), Carrageen (E 407) oder Methylcellulose (E 461). Jetzt kommt die *Emulsificación*, zu Deutsch: die »Verquirlung«. Weil sich fette und wässrige Stoffe nicht gut verbinden, werden sie normalerweise verquirlt. Nicht so in der Molekularküche, denn da werden Emulgatoren eingesetzt, zum Beispiel Polyglycerinester von Speisefettsäuren (E 475) und Lezithin (E 322), meist hergestellt aus Soja und Zuckerester von Speisefettsäuren (E 473). Und zum Dickifizieren nimmt man Xanthan (E 415), ein vom Bakterium Xanthomonas campestris gebildetes langkettiges und weitverzweigtes Kohlenhydrat. Das Material ist wirklich praktisch, erhöht bei Teigen die Bindung von Wasser, verzögert so ein schnelles Austrocknen von Brot, verringert bei Speiseeis die Bildung von Kristallen und verteilt Schwebstoffe gleichmäßig in Flüssigkeiten. Deshalb wird es gern bei Backwaren, Soßen, Suppen, Marmeladen, Mayonnaise, Ketchup, Eis und Fischkonserven eingesetzt. Und in der Molekularküche. Wem das alles noch nicht prickelnd genug ist, der kann noch ein Granulat aufs Essen streuen, das auch bei Kindern beliebt ist: Prickelpulver, das im Mund knackt.

Männer wissen, wie man sich richtig ernährt – Glauben sie

Lebensmittel-Großkonzerne und die heutige Reformkostbewegung schöpfen aus denselben Quellen. Ich finde das bemerkenswert. Die Motive der Menschen zu ergründen, die Ernährungsempfehlungen geben, das ist doch eine lohnende Aufgabe. Wie, dachte ich mir, kommen die Leute eigentlich dazu, ihren Mitmenschen Ratschläge zum »richtigen Leben«, zur »richtigen Ernährung« zu erteilen? Sind das alles religiöse Fanatiker? Bei einigen muss man sagen: Ja! Oder sind es profitgierige Kapitalisten? Bei einigen muss man auch hier sagen: Ja! Einige sind aber bloß Fantasten ohne Sinn und Verstand, und einige, wirklich sehr wenige, halten sich mit ihren Empfehlungen weitgehend zurück und betonen, dass diese Empfehlungen auf dem derzeitigen dürftigen Kenntnisstand beruhen. Das aber heißt: Die Interessen der Lebensmittelreformer sind bunt gemischt. Das Spektakuläre daran ist: Die heutigen Lehren, auch die von allgemein anerkannten Institutionen, sind nicht neu und beruhen weitgehend auf denselben irrationalen Annahmen und Wahnvorstellungen, die vorwiegend um die Wende vom 19. zum 20. Jahrhundert kursierten.

Hier ein paar Gedanken zu den weitgehend willkürlichen Lehren, die Rudolf Steiner zum Thema Ernährung entwickelt hat. Sie finden sich verstreut in vielen heutigen Ernährungsempfehlungen. Steiner selbst entwickelte sie spontan in zahlreichen Vorträgen. Von wohlwollenden, gläubigen Jüngern wurden sie aufgeschrieben und überliefert. Kurt Th. Willmann, selbst durchaus unkritisch gegenüber den Lehren des Meisters, hat es auf sich genommen, aus 250 Bänden unsystematischer und wüster esoterischer Lehren die herauszusuchen, die Steiner zum Thema Ernährung predigte. Das Unterfangen könnte man vergleichen mit dem Versuch, aus der Bibel alle Stellen herauszusuchen, in denen etwas über Schuhe steht, und daraus eine allgemeine Lehre der Fußbekleidung (selbstverständlich der einzig richtigen und gottgefälligen) abzuleiten.

Steiners allgemeiner und auch diesbezüglicher Erkenntniswille, glaubt Willmann, sei getrieben gewesen von »Erkenntnisfrische«, wenn nicht gar von einem »mutvoll-realistischen, großzügigen Erkenntnisschwung«.[136] Gerne wüsste ich mir einen Reim darauf zu machen, was ein Erkenntnisschwung ist. Steiners Erkenntnismethode war das »Imaginieren«. Das heißt, er hat sich das alles ohne Bezug zur Welt um ihn herum höchstselbst ausgedacht. Das war sicher Schwerstarbeit, bei der Steiner ins Schwitzen kam wie andere bei körperlichem Arbeiten. Es sind Ergebnisse der »anthroposophischen Geisteswissenschaft« und damit das genaue Gegenteil wissenschaftlicher Erkenntnis.

Mit der Nahrung, glaubte Steiner, esse der Mensch, was »geistig« dahinterstecke.[137] Aber Folgendes wusste Steiner auch: »Der Mensch hat, um den Lebensprozess seines Organismus zu unterhalten, aufzunehmen: Eiweiß, Kohlehydrate, Fette und Salze.«[138] Trotzdem lehnte er die Betrachtung des Menschen als reines Verarbeitungsgefäß für diese Stoffe, quasi als Retorte, ab.

Sie werden mich fragen, was geht uns nicht esoterische Männer das riesige Fantasiegebäude Rudolf

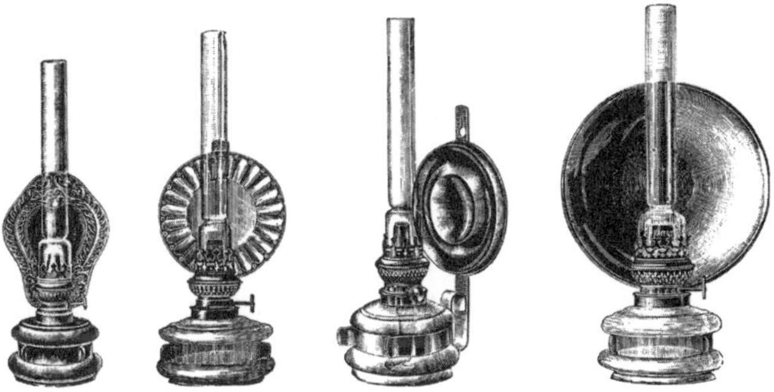

Wandlampen mit Rundbrenner. Ia Pat.-Reformbrenner, helle Glasvase m. Klemmring u. Weissblechblende.
Egal, wie reformiert ihr Speiseplan auch ausfällt: Das Licht der Aufklärung leuchtet den meisten Ernährungsideologien nicht einmal mit solchen Reformbrennern.

Steiners an? Müssen wir uns das antun? Und ich sage: Ja leider, wir müssen. Es sind nämlich die irrationalen, teilweise völlig wahnhaften Vorstellungen Steiners, die sich in vielen Ernährungstheorien bis auf den heutigen Tag finden lassen. Steiner war ganz sicher nicht ihr Erfinder, aber er hat sie so stark verbreitet, dass auch Nicht-Anthroposophen daran glauben oder sie wenigstens unreflektiert verwenden.

Rudolf Steiner bevorzugt pflanzliche Nahrung, weil sie gegenüber tierischer die ursprünglichere sei. Damit gebe sie dem menschlichen Organismus mehr Freiheit, die aufgenommenen Stoffe zu verarbeiten. Ich mache das auch so: Ich gebe meinem Organismus die Freiheit, die aufgenommenen Stoffe zu verarbeiten, allerdings pflanzliche wie auch tierische, ohne mir über die folgende Drohung große Sorgen zu machen. Weil »in einem bewussten Wesen bereits ein Prozess sich abgespielt hat, so bekommt der Mensch etwas in seinen Organismus hinein, was auf sein Nervensystem einwirkt«.[139] Das ist eine alte magische Vorstellung, die von Steiner nahtlos in seine Anthroposophie eingebaut wird. Zwar behauptet er, weder für Abstinenz noch für Vegetarismus noch für Fleischkost einzutreten, aber Nahrung von Pflanzen und Nahrung von Tieren ordnet er trotzdem unterschiedliche wertvolle Wirkungen zu, selbstverständlich ohne die geringsten Belege für diese kühne These: »Überall, wo der Mensch frei und unbekümmert aus den großen Gesichtspunkten heraus Leben und Denken regelt, da verdankt er diesen raschen Überblick seiner Nahrungsbeziehung zur Pflanzenwelt. Da, wo der Mensch durch Zorn, Antipathie, durch Vorurteile sich hinreißen lässt, da verdankt er das seiner Nahrung aus der Tierwelt.«[140] Das alles trägt der Referent angeblich ohne Wertung vor.

Noch haltloser bringt Steiner die folgende Behauptung in die Welt: »Die Unmöglichkeit des Überschauens der Zusammenhänge kommt von der Nahrung her.«[141] Könnte es sein, dass Steiner, seiner eigenen Theorie folgend, zu viel tierische Nahrung zu sich nahm, um dermaßen den Überblick zu verlieren? Wie sonst hätte er behaupten können, fleischliche Nahrung führe zu folgendem Effekt: »Die roten Blutkörperchen werden schwer, dunkler, das Blut hat eine größere Neigung zu gerinnen.«[142] Vorteile habe der Verzehr von Milch dagegen bei Heilern: »Heiler, die heilend auf ihre Mitmenschen einwirken wollen, haben ein besonderes Hilfsmittel in ausschließlichem Milchgenuss.«[143] Die armen Heiler! Warum das so ist, weiß Steiner zum Glück auch: wegen der besonderen Kräfte seines Ätherleibes.

Meine Damen und Herren! Ich bitte Sie, nicht zu fragen, warum das so ist, vor allem nicht mich. Glauben Sie's einfach oder, noch besser, glauben Sie's nicht! Steiner jedenfalls hat viel Käse zusammengeredet.

Männer sind ja so primitiv!

Für klischeehaft männliches und klischeehaft unmännliches Verhalten verschieben sich die Beurteilungskriterien seit einem halben Jahrhundert ständig. Kochen gehört mittlerweile angeblich zu den Tätigkeiten, die der Männlichkeit im Urteil von Frauen und Männern keinen Abbruch tun, ihr sogar zuträglich sind. Noch immer abträglich für die Außenwirkung wie auch für die Selbstwahrnehmung von Männern, ist aber angeblich das Bügeln. Ich bügele daher nur an meinen »Männerabenden«, dann, wenn meine Frau nicht zu Hause ist, wenn ich rote Bohnen mit Hackfleisch esse, eine James-Bond-DVD einlege, mir Daniel Craig mit einem perfekt gebügelten Hemd ansehe und dabei selbst meine Hemden perfekt bügele. Erzählen Sie das bitte nicht rum, man könnte mich für ein Weichei halten. Zurück zum Kochen.

Allein, also ohne sich um die Rangfolge im Rudel eins Kochklubs Sorgen machen zu müssen und ohne ein Weibchen vom eigenen Alphastatus überzeugen zu wollen, verschwenden Männer wenig Energie auf Körperpflege, Kleidung, Küchenraffinesse. Da wird erhitzt, was da ist, und wenn nichts da ist, wird getrunken, was da ist. Zu trinken ist immer da.

Erschreckend ehrlich schildert Harald Schmidt, wie er sich, wenn er mal allein ist, Penne all'arrabbiata zusammenmatscht: »Man schüttet die Tomaten in eine Pfanne und kocht sie auf großer Hitze so lange, bis man vom Telefonieren wieder in die Küche zurückkommt. Dann klatscht man einen großen Löffel Sambal Oelek und schmeckt bei Bedarf mit Tabasco ab.« Diesen Mist isst ein echter Kerl, und Harald

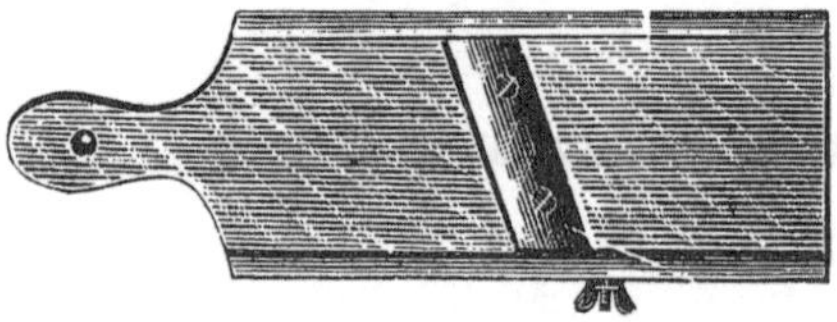

Gurkenhobel, Buchen, prima, mit verstellbarem Messer.
Außer primitiv sind Männer auch noch ungehobelt. Sind sie einmal unbeobachtet, brutzeln sie irgendwas zusammen und schlingen es sich rein. Zum Glück muss sich das keiner ansehen.

Schmidt ist ein echter Kerl, »stehend in der Wohnzimmertür direkt aus der Pfanne«[144]. Männer empfinden dabei die Wonnen des Primitiven. Sie genießen einen nur von ihnen selbst wahrgenommenen Protest gegen die Zwänge der Zivilisation. Sie weigern sich, hier und ohne Publikum eine Rolle als zivilisierter Mensch zu spielen, und spielen die Rolle des unzivilisierten Menschen.

Dann gibt es noch Männer-Kochblogs.[145] Da beschreiben Männer, meist im Urlaub oder während ihres angeblich wohlverdienten Ruhestandes, wie sie ihren ereignisreichen Tag verbringen. Sie kennen das: Aufstehen, Manchmalrasieren, Kaffeekochen, Rumgammeln, Malwaszumessenbesorgen, Alleszusammenbrutzeln, Iminternetrumwühlen, Tagausklingenlassen. Puh! Die

Einträge in solchen Männer-Kochblogs haben einen hohen Drolligkeitsfaktor. Sie belegen unbezweifelbar, dass Männer kochen. Sie belegen aber auch, dass sie sich dabei, sofern kein Publikum vorhanden ist, nicht die geringste Mühe geben.

Männer, die kochen, haben mehr vom Leben. Männer, die nicht kochen können oder wollen, sind natürlich nicht völlig wertlos. Sie nutzen aber ihre Möglichkeiten nicht annähernd aus. Sie parken praktisch immer vorwärts ein. Spätestens diese Attacke auf ihren Status wird sie scharenweise an die Herde treiben.

Intermezzo

Kennen Sie den Foxtrott *Wenn Männer kochen* von Fred Frohberg? Die Noten, gesetzt für ein Streichorchester, sind 1954 in Berlin/Leipzig erschienen. Falls Sie einen Satz erwischen, finden Sie auf der Rückseite auch die Orchestrierung für »Unser Pianist ist miserabel«. Der Komponist und Interpret Fred Frohberg scheint in der DDR sehr beliebt gewesen zu sein. Deshalb durfte er oft in den Fernsehsendungen *Da lacht der Bär* und *Ein Kessel Buntes* auftreten. Große Lacher brachte offensichtlich schon allein die Erwähnung der Vorstellung, dass Männer kochen. Männer finden es im Allgemeinen »OK-hey«, nicht kochen zu können. Schlagersänger Chris Roberts hat das »OK-hey« erfunden. Ob er kochen kann, weiß ich nicht. Weil er aber bekennt, in die Liebe verliebt zu sein, wird er wohl wenigstens ein einfaches Mahl zubereiten können.

Das Thema Essen und Küche ist ein beliebtes Schlagerthema. Fritz Löhner-Beda beschwerte sich 1931, dass sie *Ausgerechnet Bananen* von ihm verlange (zuerst 1923 mit dem Originaltext *Yes! We have no bananas* veröffentlicht). Das angeblich sparsame Lebenskonzept des Sängers Gus Backus, »Ich esse gerne Sauerkraut und tanze gerne Polka«, vielfach vorgetragen im Rahmen der *Sauerkraut-Polka* (1962), war gelogen. Das wissen wir spätestens seit der 2011

Vogelkäfige, fein verzinnt, mit Verzierung, lackirtem Schubladenboden und bemalten Glaswanden.
So schön wie Fred Frohberg singen Vöglein allemal. Zum Glück singen sie aber nicht von kochenden Männern.

erschienenen Autobiografie mit dem ach so originellen Titel *Ich esse gar kein Sauerkraut*. Erik Silvester trank 1969 *Zucker im Kaffee*. Er empfahl aber auch Zitrone oder Sahne in den Tee sowie Pfeffer im Salat! Reinhard Mey besang 1972 *Die heiße Schlacht am kalten Büfett*, Udo Jürgens 1974 *Griechischen Wein* und 1976 das Tortendrama *Aber bitte mit Sahne*. Die Frauenversteher Hoffmann & Hoffmann verzehrten 1977 *Himbeereis zum Frühstück* und Peter Cornelius sang 1980 *Der Kaffee ist fertig*, »klingt das net unheimlich zärtlich«. Ganz anders die Toten Hosen. Sie schätzten 1983 klassisch männlich

Eisgekühlten Bommerlunder, während sich Mike Krüger 1986 *Spiegelei auf Brot* reinpfiff. Helge Schneider gab seinem Baby 1993 *Reis*, 2006 aber nur noch *Käsebrot*. In der Schlagerwelt scheinen die Männer schon frühzeitig den Kochlöffel in der Hand gehabt zu haben.

Was andere zu diesem Thema geschrieben haben

Kochbücher waren bis vor Kurzem Sachbücher. Dann aber schrieben Autoren wie Nigel Slater und Delia Smith oder in Deutschland vorwiegend komödiantische Fernsehköche wie Tim Mälzer und Horst Lichter und erhöhten scheinbar den Spaßfaktor am Kochen. Tatsächlich verlagerten sie den Spaß am Kochen eher auf den Spaß am Lesen übers Kochen oder am Zuschauen beim Kochen. Komplett falsch liegt deshalb meines Erachtens der Theologe Adrian Portmann bei der Einschätzung, wie viel die Anzahl der veröffentlichten Kochbücher über die Kochaktivitäten und deren Wertschätzung durch ihre Käufer aussagt: »Ein Indikator für

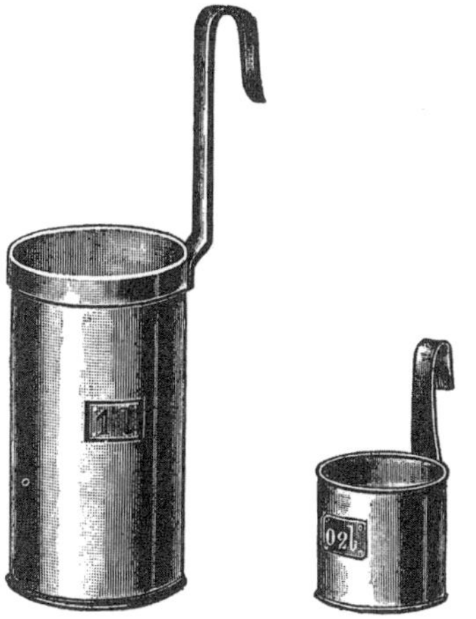

Maasse (Litermaasse), Weissblech, prima, mit Henkel, alternativ ungestempelt, mit bayer. Stempel oder mit Reichsstempel.
Kochbücher gibt's nicht in Maßen, sondern in Massen. Fasst man sie einmal in Gruppen zusammen, bekommt man einen etwas besseren Überblick.

diese Entwicklung ist der Kochbuch-Markt: Schätzungen zufolge waren 1993 2500 beziehungsweise 4000 bis 5000 deutschsprachige Titel lieferbar – 1997 war bereits von 10 000 Titeln die Rede. Diese Wertschätzung des Kochens zeigt sich auch in der Küchenarchitektur: Seit den Siebzigerjahren verliert die auf kleinstem Raum realisierte Einbauküche an Boden.«[146] Was der Schweizer wirklich meint, ist »sie *gewinnt* an Boden«.

Es gibt neben Lehrbüchern für professionelle Köche vier Sorten von Literatur, in der das Thema »Kochen und Männer« behandelt wird:

a. Wie kocht der Strohwitwer oder der echte Witwer mit zwei linken Händen?
b. Wie zaubert der versierte Verführer ein Mahl, das seiner Zielperson die Sinne schwinden lässt? Ich hatte das im Kapitel »Verführungskochkünste« behandelt.
c. Wie schafft es das Alphamännchen, in seiner Peergroup (Gruppe von Gleichgestellten) durch Heldentaten am Herd seinen Stand zu halten und zu verbessern?

   Außerdem gibt es

d. umfangreiche soziologische Untersuchungen zum Rollenverhalten. Was Geschlechter- oder »Gender«-Forscherinnen erforschen, scheint stärker von Veränderungswillen geprägt als von Erkenntnisdrang.

Anleitungen zum Kochen – Für Männer

Beste Auskunft über männliches Kochverhalten beziehungsweise über deren Verhältnis zum Kochen erhält man über das Studium von Büchern, die Männer zum Kochen bewegen sollen. Solche Bücher gibt es schon lange, aber im letzten Jahrzehnt scheint das Thema noch mehr Autoren und Verlage zu reizen. Das Konzept: Männer sollen mit solchen Büchern an das eigentlich für sie unpassende Betätigungsfeld herangeführt werden. Ein Mann mit Schürze! Wie komisch! Wie ironisch oder – noch besser – selbstironisch! Mich erinnert das an die Sechziger- und Siebzigerjahre, in denen manche Frauen begannen, die Männerdomäne Autofahren zu erobern. Eine Menge Bücher, die das Autofahren von Frauen »auf die Schippe« nahmen, müssten erschienen sein. Sind sie aber nicht. Außer einer extrem chauvinistischen Folge der Fernsehreihe *Der 7. Sinn*, in der es darum ging, Männer vor Frauen am Steuer zu warnen, fällt mir nichts ein.

Die Absicht der Bücher zum Männerkochen ist es auch nicht, zu warnen, sondern zu motivieren. Robert Krötz hat 1960 so ein Buch geschrieben und von Bele Bachem eine mittlerweile kultverdächtige »Garnitur« im Stil der Fünfzigerjahre anfertigen lassen: *Männer kochen besser. Lukullischer Weltenbummel für Gentlemen, Snobs und Manager.*[147] Warum Männer angeblich besser kochen, dafür bleibt der Autor leider die Antwort schuldig und es ist zu befürchten, dass der Titel als reine Provokation gedacht war.

Sandra Winkler glaubt, mit einer Männer-Politur stieselige Partner aufmöbeln zu können.[148] Mal ehrlich: Wann hätte das je geklappt?

In seinem weitgehend unnötigen Buch darüber, dass Männer anders seien und Frauen auch, beschreibt John Gray für mich sehr gut nachvollziehbar zwei, und nur zwei, mögliche Reaktionen von Männern auf das Vorhaben der Frauen, sie zu verändern: »Die einen werden unglaublich abwehrend und störrisch, wenn eine Frau versucht, sie zu verändern. Die anderen werden zustimmen, aber dann alles wieder vergessen und sich so verhalten wie früher.«[149]

Und erst die armen französischen Männer! Kaum werden sie verlassen, sind sie gezwungen, die maßlos überschätzte französische Küche (Weltkulturerbe seit 2010) selbst in die Hand zu nehmen. Das geht natürlich nicht ohne Handbuch oder gleich mehrere. Damit hangeln sie sich, so sehen es viele wohlmeinende Helfer, durch die mühsamen Prozeduren der Nahrungszubereitung. Antoine Isambert und Emmanuelle Redaut haben so ein Handbuch geschrieben: *Was Männer zum Kochen bringt. Das Kochbuch für geschiedene Männer und verheiratete, die es bleiben wollen.*[150] Die Tendenz ist klar: Wenn diese sturen Hunde nicht angeregt, motiviert, aufgefordert werden, kurz, einen Tritt in den Arsch kriegen, dann lernen sie's nie. Das glaubt auch Horst Ehrmann zu wissen, der deswegen gleich drei spiralgebundene Hefte über männerspezifisches Kochen herausbrachte, um, in diesem Fall deutsche, Männer an den Herd zu bringen. Teil eins (2004): *Das besondere Rezeptbuch für Männer (die es ansonsten tunlichst vermeiden, zu kochen oder zu backen).* Teil zwei (2005): *Wenn der Vater mit den Söhnen und Töchtern … dann werden sie viel Spaß haben.* Puh, das ging ja gerade noch mal politisch korrekt über die Bühne mit den nachgeklapperten Töchtern. Dann Teil drei (2005): *Meister, verteilen Sie das Fleisch, damit ich weiß, wie viel Brot ich brauche, um satt zu werden.* Da wird's dann schon richtig komisch.

Woher ich das alles weiß

Die folgende Liste der von mir verwendeten Literatur soll nicht nur belegen, dass ich diese Bücher wirklich gelesen habe (was glauben Sie denn?!), sie könnte auch zu eigenen Studien anregen. Oder sie könnte Sie davon abhalten, Ihre Zeit mit dem Lesen weitgehend wertlosen Schrotts zu verplempern. Das hab ich schon für Sie erledigt. Vor allem aber können Sie diese Literaturliste lesen wie einen ganz normalen Text. Ich habe nämlich jedes Buch wertend kommentiert. Zu jedem Buch gibt es also so eine Art Mini-Rezension. Vielleicht teilen Sie ja gelegentlich meine Einschätzung.

Aicher, Otl: *Die Küche zum Kochen. Das Ende einer Architekturdoktrin,* München 1982.
Negative Titel sind schwierig. Was der Architekt eigentlich wollte, war keine »Küche zum Kochen«, sondern eine »Küche, die nicht nur zum Kochen geeignet ist«. Im Titel steht also genau das, was Aicher *nicht* wollte.

Anthus, Antonius: *Vorlesungen über die Eßkunst,* Frankfurt a. M. (Eichborn) 2006, zuerst 1838.
Der Autor versucht sich an einer Menschheitsveredelung durch

besseres Essen. Das ist gut gemeint und deshalb ziemlich gefährlich. »Antonius Anthus« ist eines der Pseudonyme des Theologen, Mediziners, Psychiaters, Romanciers und Reichstagsabgeordneten Gustav Blumröder, eine wahrhaft multiple Persönlichkeit, die darüber scheint's nicht krank wurde, wohl aber ihrerseits »Ueber das Irreseyn« schrieb.

Baudy, Gerhard J.: »Hierarchie oder: Die Verteilung des Fleisches. Eine ethnologische Studie über die Tischordnung als Wurzel sozialer Organisation, mit besonderer Berücksichtigung der altgriechischen Gesellschaft«, in: Burkhard Gladigow, Hans G. Kippenberg: *Neue Ansätze in der Religionswissenschaft,* München 1983, S. 131–174.
Muss man zur Erforschung von Hierarchien tatsächlich so weit zurückgehen?

Berg, Ilona und Doris Rumm-Kreuter: »Die Nahrungszubereitung im privaten Haushalt«, in: Ulrich Oltersdorf und Thomas Preuss (Hrsg.): *Haushalte an der Schwelle zum nächsten Jahrtausend. Aspekte hauswissenschaftlicher Forschung – gestern, heute, morgen,* Frankfurt a. M./New York 1996, S. 314–341.

Blumhöfer, Thomas und Gerald Hiltensberger: *Kochen mit Bier & Wein: Neue Bamberger Küche,* Bamberg 2006.
Klassisch-deftige Männerküche mit viel Alkohol.

Bochenek, Rudi: *Männerkochen. Männer kochen halt so! Würzig Deftiges in Wort, Bild und Rezept,* Bielefeld/Potsdam 2007.
»Drei Männer aus Owl kochen und mehr …; ein unterhaltsames,

anderes Kochbuch für Männer … und für Frauen, die ein klein wenig besser verstehen wollen, wie Männer ticken!« Laut Eigenwerbung eine »Anleitung für ein Männerkochevent«, dazwischen stehen immer wieder Anekdoten und nicht ganz ernst gemeinte Fotos. Auf dem Buchumschlag sind drei Kochteufel zu sehen, die um einen Kessel Buntes herumtanzen. Ist wohl nicht ganz ernst gemeint, das Büchlein.

Bourdain, Anthony: *Geständnisse eines Küchenchefs. Was Sie über Restaurants nie wissen wollten,* München 2003, zuerst New York 2000.
Der Bukowski der Kombüsen gibt Einblicke ins Herz der gastronomischen Finsternis. Mit seinem Konzept entfesselter Küchenanarchie und unflätigen Bemerkungen landet der Autor immer wieder in der Gosse. Eine scheißgute Beschreibung des Profiküchenalltags.

Brandl, Christoph: *Überleben als Single-Mann. Der Survival-Guide für Männer. Rezepte & Strategien für ein erfülltes Single-Leben!,* Düsseldorf 2011.
Würden die doch glatt im Küchendschungel verhungern ohne so ein Handbuch, die Blödmänner!

Buchholz, Frank: *Männer kochen anders,* Köln 2010.
Laut Verlagswerbung meint Frank Buchholz, »Männer lieben in der Küche die kreative Herausforderung! So verwundert es kaum, dass sie besonders offen für kulinarische Entdeckungen sind.« Die Rezepte seien auf die unterschiedlichsten Situationen zugeschnitten, »von Blitzgerichten über ganze Menüs, die imponieren und das Objekt der Begierde verführen, bis hin zu Speisen, die nach einer harten Nacht den Kater vertreiben«. Gut

zu wissen: Echte Kerle kochen nicht, echte Kerle imponieren, verführen, vertreiben ihren Kater. Und was Männer, jedenfalls laut Frank Buchholz, ganz besonders brauchen, ist »genug Freiraum für die Experimentierfreude«. Der Autor ist Gründungsmitglied der Köche-Initiative »Die Jungen Wilden« (1997) und wurde 1999 vom *Gault Millau* als »Innovation des Jahres« ausgezeichnet. Ich nehme an, dass nicht der Autor die Innovation des Jahres war, sondern die »Jungen Wilden«.

Casanova Chevalier de Seingalt, Giacomo: *Geschichte meines Lebens,* Bd. 12, Berlin 1967.
Der Mann kannte sich aus! Mit Kochen und auch sonst.

Ceres-Verlag (Dr. Oetker): *Das schmeckt Mann – das Männerkochbuch: Ein Männerkochbuch,* Bielefeld 2009.
Gut, dass die Zielgruppe schon im Titel dreifach klargemacht wird. Männer sind ja *so* einfach gestrickt!

Deneke, Christiane: *Selbst is(s)t der Mann. Essen kochen in der Jugendarbeit; Handbuch für die Praxis,* hrsg. vom Zentrum für Angewandte Gesundheitswissenschaften der Fachhochschule Nordostniedersachsen und der Universität Lüneburg, Lüneburg 2003.

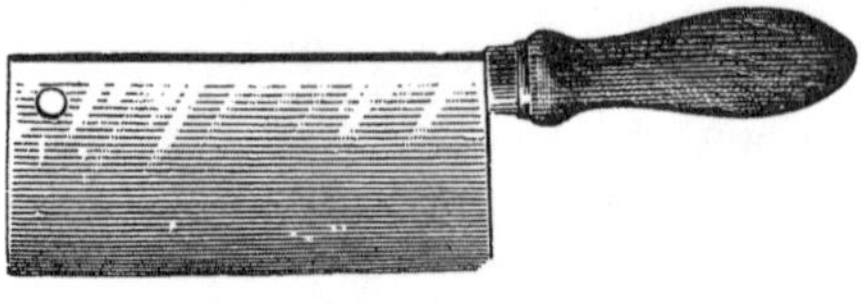

Hackmesser, prima, scharf geschliffen mit durchgehender Angel.
Zu jedem Buch, das ich hier aufliste, habe ich kurz meine Einschätzung dazugeschrieben. Sie müssen das also nicht alles lesen, außer wenn dabei so etwas steht, wie »prima, Ia Qualität, geschliffen formuliert«.

Das gleichnamige Modellprojekt befasste sich von 2000 bis 2003 mit der Frage, ob und wie Ernährungsgewohnheiten männlicher sozial benachteiligter Jugendlicher verbessert werden können. Scheint geklappt zu haben.

Da Silveira Macêdo, Sílvio, Axel Struwe, Peer Wedderwille: *Männer können das auch. Ein internationales Kochbuch garniert mit Fußballanekdoten,* Rostock 2008.
Den Fußballanekdoten fehlen Pointen, den Rezepten Raffinesse.

Deutsche Maizena-Werke: *Auch Männer können kochen! Winke und Rezepte aus der Elektro-Lehrküche,* Hamburg 1964.
Am besten kochen Männer natürlich mit den Stärkeprodukten der Firma Maizena (mittlerweile aufgekauft von Unilever).

Dietz, Hanna: *Lexikon der unnützen Küchengeräte. Von A wie Ananasschneider bis Z wie Zuckerwattemaschine,* Berlin 2011.
Angemessen sarkastische Kommentare zu den blödsinnigsten Schubladenverstopfern. Ansonsten natürlich so unnütz wie die meisten der darin beschriebenen Küchengeräte. Nimmt zwei Zentimeter Platz im Bücherschrank weg.

Ehlert, Trude: »Zum Funktionswandel der Gattung Kochbuch in Deutschland«, in: Alois Wierlacher et. al. (Hrsg.): *Kulturthema Essen. Ansichten und Problemfelder,* Berlin 1993, S. 319–341.

Evans, Pete: *Mann am Herd. Neue Rezepte für Pfanne und Grill,* München 2010.
Ein australischer Koch, der Rezepte vorwiegend für Grillgerichte und rustikale Sachen mit »*country flair*« empfiehlt.

Fein, Gertrude: *Das Kochbuch für den Mann. 77 einfache Rezepte,* Frankfurt (Eichborn) 2001.
Die Autorin traut Männern aber auch gar nichts zu.

Fiddes, Nick: *Fleisch, Symbol der Macht,* Frankfurt a. M. 1993.
Dass Fleischverzehr Macht zum Ausdruck bringt, ist keine umwerfende Erkenntnis. Wer hätte aber ein Interesse daran, durch Fleischverzicht Ohnmacht zu demonstrieren?

Foer, Jonathan Safran: *Tiere essen,* Köln 2010.
Wie bei Vegetariern üblich, eine Darstellung der »sehr persönlichen Entscheidung«, keine Tiere mehr essen zu wollen, schon gar nicht solche aus »Massentierhaltung«, verbunden mit der konsequenten Aufforderung, streunende Straßenköter zu verspeisen.

Freeling, Nicolas: *The Kitchen/The Cook,* London 2002.
Titel der US-Ausgabe *The Kitchen. A Delicious Account of the Author's Years as a Grand Hotel Cook.* Wertvolle Erfahrungen eines Küchenchefs, die aber jeder Azubi trotzdem selbst machen muss.

Freytag, Eckhard: *So kocht Mann!,* St. Gallen 2010.
Ich hoffe, dass Männer nicht so kochen. Auf dem Titelblatt ist nämlich ein Mann in einer gewerblichen Küche zu sehen, der scheinbar souverän ein Omelett auf einen Teller schleudert. Das Problem: Der Teller ist schon voll.

Früh, Elsie und Harro Lang: *Berühmte Männer kochen,* Hauswirtschaftssonderheft 65 des Schweizer Familien-Wochenblatts (gleichzeitig Meyers Handarbeits- und Hauswirtschaftshefte), Zürich 1961.

Kochen war nicht Ursache, sondern Folgeerscheinung der Berühmtheit der beschriebenen Männer. So richtig weltberühmt wurden sie, außer in der Schweiz, aber nicht.

Grimm, Jakob und Wilhelm: *Kinder- und Hausmärchen,* 1812, hier zit. n. d. Ausgabe 1857.

Hier aufgenommen wegen der idealtypischen Szene im Märchen Dornröschen, in dem ein Koch seinen Küchenjungen züchtigt – mit jahrelanger Pause.

Gritzmann, Eva und Denis Scheck: *SIE & ER. Der kleine Unterschied beim Essen und Trinken,* Berlin 2011.

Ein leicht literaturlastiger Versuch, das unbestritten unterschiedliche Geschlechterverhalten bei der Nahrungsaufnahme durch private Recherchen etwas nachvollziehbarer zu machen. Etwas belastend ist es, dass die Autoren von sich nicht als »Wir« schreiben, sondern von »Ihr« und »Ihm«.

Haderlein, Inge: *Ich mag an Mann, der kochen kann. Beigefügt: Ich mag dich (so wie du bist),* CD, München 1995.

Gut, dass sich die Interpretin noch besinnt und auch noch singt, dass sie nicht kochen könnende Männer durchaus nicht verachtet.

Harles, Michael: *Männer, die kochen, sind unwiderstehlich. Wissenswertes und Amüsantes für die Helden am Herd,* Münster 2008.

Das Buch ist gut gestaltet. Sie wissen, was ich damit sagen will.

Harris, Marvin: *Wohlgeschmack und Widerwillen. Die Rätsel der Nahrungstabus,* Stuttgart 1988.
Der Anthropologe erklärt zwar, dass Europäer einen Widerwillen haben, Insekten zu verspeisen, Inder dagegen Kühe, Muslime Schweine, nicht aber, warum sich auf Grundlage entsprechender Tabus tatsächlich dieser Widerwille aufbaut.

Hettlage, Robert, und Ludgera Vogt (Hrsg.): *Identitäten in der modernen Welt,* Wiesbaden 2000.
Sinn- und Identitätsbildung durch Kochen. Plausibel.

Hoffmann, Maria: *Küchenkerle: Kochbuch für Jungs, die ausziehen,* Münster 2004.
Ein Kochbuch, in dem ausführlich (auf 6 Seiten) das Aufwärmen von Tiefkühlpizza beschrieben wird. Ist wohl nötig.

Isambert, Antoine und Emmanuelle Redaud: *Was Männer zum Kochen bringt: Das Kochbuch für geschiedene Männer und verheiratete, die es bleiben wollen,* Stuttgart 2010.
Das Buch sei »für alle Männer gedacht, die sich selbst weder ein Ei kochen noch ihren Kindern etwas zu essen machen, geschweige denn ein Gericht für ihre Freunde improvisieren können«. Frau Isambert und Frau Redaud kennen offensichtlich solche Männer. Ich nicht.

Jaffé, Diana und Saskia Riedel: *Werbung für Adam und Eva. Zielgruppengerechte Ansprache durch Gender Marketing Communication,* Weinheim 2011.
Wer, wenn nicht die Werbefiffis, weiß, wie es um der Kundin und des Kunden Bewusstsein bestellt ist?

Kalbitzer, Ulrich: *Koch- und Überlebenstipps für alleinstehende ältere Herren,* Berlin 2008.
»Man sieht immer öfter alleinstehende ältere Herren etwas verlegen beim Schlachter am Bistro-Tisch stehen und eine Gulaschsuppe löffeln. Oder sie sitzen missmutig im Kaufhaus-Restaurant am Einzeltisch bei Königsberger Klopsen.« Traurig. Gut, dass die alleinstehenden älteren Herren jetzt zu Hause kochen können. Da brauchen sie nicht mehr am Bistro-Tisch herumzulungern, wo alleinstehende ältere Frauen anzutreffen wären.

Kaufmann, Jean-Claude: *Kochende Leidenschaft: Soziologie vom Kochen und Essen,* Konstanz 2006.
Der Soziologe beschreibt – angeblich auf der Grundlage empirischer Untersuchungen – in Bezug aufs Kochen drei Männertypen: den Pascha, der sich bedienen lässt, den Handlanger, der undankbare Aufgaben beim Kochen übernimmt, und den Star, der für sein Festmenü Lob einheimst, dem die Alltagsküche aber zu profan ist. Reicht es wirklich, für diese komplexe Beziehung drei Typen zu beschreiben? Kaufmann geht trotz Wandel der Familienkonstellationen davon aus, dass sich Familienleben noch immer vorwiegend zwischen Herd, Kühlschrank und Tisch abspiele. In der eigenwilligen Welt dieses »angesehensten und populärsten Soziologen Frankreichs« (Verlagswerbung) kommen Bett, Fernseher und Laptop offensichtlich nicht vor.

Klink, Vincent: *Sitting Küchenbull. Gepfefferte Erinnerungen eines Kochs,* Hamburg 2009.
Gut erinnert, gut geschrieben, mit etwas zu mildem Pfeffer.

Krull, Wolfgang und Ehrhard Dette: *Kochen für Männer. Rezepturen zum Nachkochen – nicht nur für Männer; viel Spaß beim Kochen und »Guten Appetit« wünschen Euch und Ihnen Wolfgang und Ehrhard,* o. O. 2000.
Ja, das gehört alles zum Buchtitel. Ich will doch hier nicht unnötig kürzen.

Krötz, Robert und Bele Bachem: *Männer kochen besser. Lukullischer Weltenbummel für Gentlemen, Snobs und Manager,* Hattingen 1960.
Frau Bachem war bei diesem Buch für die »Garnitur« verantwortlich, was in diesem Fall heißt, dass sie die zeittypischen Illustrationen machte.

Langer, Michaela: *Männerwirtschaft: Das kleine Kochbuch für hungrige Männer,* Münster 1999.
Das Buch wurde zeitweise inklusive Dosenöffner verkauft. Da weiß man gleich, was für Kochkünste Frau Langer bei Männern erwartet. Die comicartigen Zeichnungen signalisieren: Wenn Männer kochen, wird's witzig.

Mellinger, Nan: *Fleisch. Ursprung und Wandel einer Lust,* Frankfurt a. M. 2000.
Eine gute anthropologische Erklärung unterschiedlichen Essverhaltens von Männern und Frauen, wenn auch etwas zu oft basierend auf Hegel, der seinerseits nun wirklich gar keine Ahnung von der Realität hatte, was das Verhältnis von Männern zu Frauen betrifft.

Meuser, Michael: »Geschlechterverhältnisse im Wandel. Männlichkeit im Spannungsfeld von Hegemonie und Egalität«, in:

Erich Lehner und Christa Schnabl (Hrsg.): *Gewalt und Männlichkeit,* Wien 2007, S. 45–66.
Ein eher spekulativer Aufsatz in einem Genderforschungssammelband.

Meyer zu Kueingdorf, Ulf: *Mal was Richtiges – Das Männer-Kochbuch: 33 x ein Mann, ein Herd,* München 2009.
Ein B-Promi-Kochbuch mit einfachsten Rezepten. Mehr kriegen die nicht hin, aber immerhin das.

Moliné, Gabriella: *Wie Mann jede Frau weichkocht. Das Kochbuch der Verführungen – mehr als nur Rezepte,* Frankfurt a. M. (Eichborn) 2001.
Ein Frauenverführbuch, das auf dem zuvor erschienenen Männerverführbuch *Wie Sie jeden Mann weichkochen*, Frankfurt a. M. (Eichborn) 2000, aufbaut. Klappt beides nicht, ich sag's Ihnen.

Myhrvold, Nathan, Chris Young, Maxime Bilet: *Modernist Cuisine. Die Revolution der Kochkunst,* Köln 2011.
Ein Riesenaufwand für ein paar hübsche Fotos, die leider nicht viel über die Vorgänge in Töpfen und Pfannen aussagen.

Novak, Tatjana und Gabi Weiss: *Das Keine-Panik-Kochbuch für Väter,* Wien 2009.
Mir fällt was auf: Männer-zum-Kochen-überrede-Bücher werden fast ausschließlich von Frauen verfasst.

Osztovic, Walter und Herbert Hacker: *Helden am Herd: Ein Kochbuch für Männer,* Wien 2007.
»Das Buch liefert auf launige Weise tiefe Einblicke in die Psy-

che des kochenden Mannes.« Ich war gespannt, besonders auf die »launige Weise«. Was ich herausfand: Echte Kerle tragen Feinripp-Unterhemden und eine Kochmützen-Tätowierung am Oberarm.

Otus-Verlag: *So kocht Mann. Das Männer-Kochbuch für alle Fälle,* St. Gallen 2006.
Für dieses »Kochbuch« will nicht einmal ein Autor verantwortlich sein.

Portmann, Adrian: *Kochen und Essen als implizite Religion. Lebenswelt, Sinnstiftung und alimentäre Praxis,* Münster 2003.
Ganz klar: Kochen ist ein Thema für Theologen. Wie alles andere auch.

Purviance, Jamie: *Weber's Grillbibel,* München 2010.
Geschrieben im Auftrag des amerikanischen Grill-Herstellers Weber, liefert dieses Rezeptbuch den Beweis dafür, dass es sich beim Grillen nicht um Nahrungszubereitung, sondern um Religion handelt. Den falschen Apostroph gibt's kostenlos dazu.

Sandgruber, Roman: *Frauensachen – Männerdinge: Eine »sächliche« Geschichte der zwei Geschlechter,* Wien 2006.
Die Argumentation des Autors ist teilweise durchaus nachvollziehbar: Frauen und Männer werden zu dem, was sie sind, durch die Gegenstände, mit denen sie hantieren.

Schulz, Joachim: *High Noon am Zwiebelbrettchen. Wenn Männer kochen …*, Leipzig 2008.
Prädikat: Witzisch! Im Fachjargon heißt das: »Mit einer kräftigen Prise Humor.« Sie können's nicht lassen, die Witzbolde.

Schönberger, Birgit: *Männer, die für Frauen kochen. Und andere Geschichten aus dem täglichen Leben,* München 1999.
Die fünfseitige Titelgeschichte des schmalen Bändchens enthält sogar zwei zitierenswerte Sätze. Deshalb habe ich das auch gemacht.

Schüssler, Heinz, Frieder Döring, Bert Brune: *Dirty kitchen, ein Männerkochbuch,* Köln 1995.
Obwohl es so im Titel steht, tatsächlich *kein* Kochbuch, sondern ein Band mit Erzählungen.

Seidl, Claudius: *Männer essen Fleisch, Frauen essen Gemüse. 25 ungeklärte Fragen zwischen Männern und Frauen,* Köln 2000.
Geschrieben elf Jahre bevor der Autor dann doch nicht ZDF-Intendant wurde. Zumindest die Frage der Titelgeschichte, warum Männer Fleisch essen, ist mittlerweile beantwortet.

Setzwein, Monika: *Ernährung – Körper – Geschlecht: Zur sozialen Konstruktion von Geschlecht im kulinarischen Kontext,* Wiesbaden 2004.
Es geht um die Frage, inwiefern unser Umgang mit der Ernährung für die Konstituierung von Männlichkeit(en) und Weiblichkeit(en) in sozialer und subjektiver Hinsicht grundlegend ist.

Stecher, Reinhold G(eorg): *Er kocht für sie. Das (Verführ-) Kochbuch für Männer, die glauben, nicht kochen zu können; mit über 150 Rezepten,* München 1974.
Eigentlich egal, ob die hier aufgeschriebenen Rezepte von Männern für Frauen oder für Männer oder von Frauen für Männer oder für Frauen gekocht werden.

Steiner, Rudolf: *Naturgrundlagen der Ernährung. Ausgewählt und herausgegeben von Kurt Th. Willmann,* Stuttgart 1981.
Natürlich geht es hier nicht um die Naturgrundlagen der Ernährung, sondern um eine ganz krude Pseudowissenschaft über die Ernährung, die Menschen angeblich am ehesten zuträglich ist. Leider bilden diese wahnhaften Gedanken die Grundlage vieler heutiger Ernährungstheorien.

Studer, Andreas C.: *Männer kochen – Frauen genießen: Rezepte zum Verwöhnen,* München 1999.
Eine Rezeptesammlung, die gar nichts mit dem Buchtitel zu tun hat.

Sura, Anne-Katrin: *Das Männerkochbuch. Abenteuer Küche,* Weil der Stadt 2007.
Frau Sura behauptet: »Frauen beeindruckt der männliche Küchen-Einsatz immer!« Sie muss es wissen. Deswegen gibt sie auch viele Tipps zu dem ganzen Blumen-Kerzen-Atmosphäre-Firlefanz, mit dem Frauen dahinschmelzen und bei dem Männer die ganze Zeit daran denken müssen, wann es endlich vorbei ist.

Tomkewicz (Verlag): *Erotisch kochen von Mann zu Mann,* Lübeck 1999.
Das große Coming-out scheint beim Kochen noch nicht stattgefunden zu haben. Ein Autor ist nämlich nicht in Erfahrung zu bringen.

Wagner, Christoph: *Männer an den Herd. Wie man Frauen und Töchter einkocht; mit 100 Rezepten und zahlreichen Tips,* Wien/München 1997.
Ein Theaterautor und Theaterkritiker mit Hang zum guten Essen (wer wollte ihm das verdenken) und der deshalb auch Restaurantkritiker und Gastrosoph genannt werden darf.

Wagner, Christoph: *Mann, kannst du kochen. Wenn Hobbyköche aus der Schule plaudern,* Wien/München 2000.
Nach seiner Arbeit für die österreichische Ausgabe des Restaurantführers *Gault Millau*, den der Autor von 1984 bis 1998 als Chefredakteur leitete, waren diese Männer-Kochbücher fällig.

Walterspiel, Alfred: *Meine Kunst in Küche und Restaurant,* München 1981.
Nach seinen Erfahrungen als Chefkoch in den besten Häusern Europas von 1909 bis 1960 beschreibt der Patron alter Schule das militärgleich organisierte System der Küchenbrigaden mit Saucier, Entremetier, Rôtisseur, Gardemanger, Pâtissier und Küchenbeschließerin. Kaum ein Gericht, bei dem er nicht reichlich Butter verwendet.

Weber, Felix: *Heute koche ich: Männer an den Herd!,* Fränkisch-Crumbach 2009.
Noch ein Männer-Kochbuch, bei dem der Verlag nicht darauf

verzichten wollte, Comics einzuflechten. Rezepte von »voll einfach« über »bisschen schwer« und »ziemlich schwer« bis zu »sauschwer«.

Weber, Gregor: *Kochen ist Krieg! Am Herd mit deutschen Profiköchen,* München 2009.
Richtig gute Reportagen aus besonderen Küchen und Kombüsen.

Willems, Gudrun: *Männer an die Töpfe – Das andere Kochbuch,* Offenbach (Pfalz) 2005.
Gut für Leute, die mit dem einen Kochbuch noch nicht genug haben.

Winkler, Sandra: *Männer-Politur. So möbeln Sie Ihren Partner auf,* Berlin 2010.
Von wegen! So weit kommt's noch, dass Männer sich aufpolieren ließen.

Wrangham, Richard W.: *Feuer fangen: Wie uns das Kochen zum Menschen machte – eine neue Theorie der menschlichen Evolution,* Stuttgart 2009.
Kochen, behauptet Wrangham, habe einen entscheidenden Einfluss auf die Evolution des Menschen gehabt. Ich hätte da noch die Faktoren Klima, Kleidung und Kommunikation anzubieten, aber ich bin ja kein Anthropologe und deshalb mische ich mich da lieber nicht ein.

Zoladz, Márcia: *Das Männerkochbuch. Für den Mann mit Eigenschaften,* München 1998.
In Buchbesprechungen kommt das dünne Büchlein nicht gut weg. Da ist etwa zu lesen: »Es wird alles so erklärt, als wären

Männer soeben den Höhlen des Neandertales entkrochen«, oder noch schlimmer: »Dies ist das vielleicht schlechteste und überflüssigste Buch des Jahres.« Was mich trotzdem interessiert hat, war das laut Verlagswerbung »augenzwinkernde Vorwort von Christian Graeff zum Verhältnis von Herr und Hund, Kerl und Küche«.

Vorläufiger Schluss – Die in Brüssel

Hier noch ein Bonus-Kapitel, das Sie gratis kriegen. Es hat so gut wie nichts mit kochenden Männern zu tun, mehr so allgemein mit Ernährung und mit Politik. Weil es mir ein Anliegen ist, Sie darüber zu informieren, hänge ich dieses Kapitel hier an und hoffe, Sie können meinen Enthusiasmus verstehen, vielleicht sogar teilen. Die Europäische Union hat einen schlechten Ruf. Fünfhundert Millionen Menschen sind zwar Bürger der EU, die wenigsten von ihnen fühlen sich aber als Europäer. Die meisten identifizieren sich eher mit ihren Nationalstaaten als mit Europa, noch mehr mit ihren Provinzen oder Ländern oder Länderteilen oder Teilen von Länderteilen. Die Menschen dort bezeichnen sich als Basken, als Westfalen, als Burgenländer oder als Highlander (es gibt mehr als einen). Die Highlander und die Westfalen und alle anderen angeblich zwangseuropäisierten Freunde der heimischen Scholle behaupten sehr häufig, »die in Brüssel« würden ihnen vorschreiben, was sie zu tun, unter anderem auch, was sie zu essen haben. Was für ein Wahn! Was im Bereich Lebensmittel und deren Herstellung, Vertrieb und Zubereitung wirklich vorgeschrieben wird, sind Definitionen, Hygiene, Kennzeichnung, Verpackung, Rückverfolgbarkeit. Ich finde: Alles gar nicht so doof und vor allem trägt es zur ständigen Verbesserung der Lebensmittelqualität bei.

Tatsächlich, und dieser Blödsinn wird bis heute immer wieder erwähnt, hatte sich die EU-Kommission einst dazu aufgeschwungen, die Handelsklassen von Gurken anhand deren Krümmung zu definieren. Es ging nicht um Qualität, nur um Form. Es ging ja auch nicht um Qualitätsklassen, sondern um Handelsklassen. Die Lächerlichkeit des Unterfangens ist dann trotzdem irgendwann irgendjemandem aufgefallen und man hat in einem mühsamen Gesetzaufhebungsprozess die Gurkenverordnung für nichtig erklärt. Nicht so die Marmeladenverordnung. Wenn Sie Erdbeermarmelade oder Kirschmarmelade aufs Brötchen streichen, sollten Sie sich darüber bewusst sein, dass Sie kein EU-konformes Vokabular verwenden. Als Marmelade darf seit Inkrafttreten der entsprechenden Richtlinie nämlich nur Fruchtzubereitung aus Zitrusfrüchten bezeichnet werden, also Zitronen- und Orangenmarmelade.[151] Anderer aus Früchten zubereiteter Fruchtglibber heißt Konfitüre oder Gelee. Das haben uns die Engländer eingebrockt, die unter Marmelade nur und ausschließlich Zitrusmarmelade verstanden und der Ansicht waren, das sollten die anderen Europäer jetzt auch so machen. Ich finde, mit dieser Sorte Harmonisierung ist relativ wenig Schaden verbunden und ich rege mich darüber nicht auf. Jedenfalls kaum.

In der Vor-EU-Zeit, das weiß Vincent Klink, mussten für französische Poularden noch nervenaufreibende Importpapiere ausgefüllt werden.[152] Solche Formalitäten sind schon lange passé. Und die erwähnte Gurkenverordnung 1677/88 existiert, wie gesagt, auch nicht mehr.[153] Gurken und Bananen können so krumm sein, wie sie sind und wie wir sie haben wollen. Den angeblichen europäischen Regelungswahn gibt es gar nicht, bloß gibt es immer wieder Politiker, die ihr Süppchen auf der bewusst falschen Behauptung kochen, diese oder jene Vorschrift sei in Brüssel so beschlossen worden und man könne nichts dagegen unternehmen. Ich aber sage: Man kann was dagegen unternehmen, jedenfalls dann, wenn man weiß, wo der Hebel anzusetzen ist.

In Deutschland wurde die 2011 verabschiedete, äußerst sinnvolle Verordnung zur Kennzeichnung von Lebensmitteln vorwiegend unter dem Aspekt »Ampel oder keine Ampel« diskutiert.[154] Dabei war eine Grün-Gelb-Rot-Kennzeichnung von Lebensmitteln nie Absicht des entsprechenden Verordnungsvorschlags. Was hätte es für einen Verbraucher auch bedeutet, ein Produkt vor sich zu haben, das für Kohlenhydrate, Fett, Salz, Zucker die Kennzeichnung gelb-gelb-rot-grün aufgewiesen hätte, gegenüber einem anderen Produkt mit den Ampelfarben gelb-rot-grün-grün?

Was kaufen? Ein einfaches »Kaufen« oder »Nicht-Kaufen« hätte sich daraus jedenfalls nicht ableiten lassen. Die Behauptung, dass eine Ampelkennzeichnung leicht verständlich gewesen wäre, war von Anfang an falsch. Und die Kennzeichnung loser Ware? Von Anfang an stand sie auf der Wunschliste der EU-Kommission ganz oben. Ich dachte zuerst, ich hätte mich verlesen, und fragte beim entsprechenden Beamten nach. »Ja, ja«, hieß es da immer wieder, »wenn wir eine Kennzeichnung loser Ware ausschließen, wäre das ein Schritt zurück.« Ich zweifelte an meinem Überblick. Gab es tatsächlich in einem einzigen Land der Welt, geschweige denn in Europa eine Verpflichtung zur Kennzeichnung loser Ware? Verbunden damit natürlich die Angabe einer Nährwerttabelle! Das gab es natürlich nicht und so etwas Absurdes wird es hoffentlich auch in Zukunft nicht geben. Man stelle sich vor, ein auf einem Markt gemischter Krabben-Paprika-Zwiebel-Nudelsalat wäre mit einer Nährwerttabelle zu versehen, oder ein Oliven-Feta-Tomatensalat aus frischen Zutaten, die täglich wechseln! Das, bilde ich mir ein, konnte mithilfe des Europäischen Parlaments gerade noch verhindert werden. Manchmal verstehen einige der 735 Abgeordneten doch etwas davon, was in Europa wirklich los ist, auch bei Lebensmitteln. Und etwas mehr als die Hälfte von ihnen sind Männer.

Jetzt ist gleich wirklich Schluss

Es könnte hier der Eindruck entstehen, dass ich übermäßig an Nahrung und Nahrungszubereitung, an Lebensmitteln und Essen interessiert bin. Die Wahrheit ist: Ich *bin* übermäßig an Nahrung, Nahrungszubereitung, Lebensmitteln und Essen interessiert. Ich weiß, dass das schon den Tatbestand einer Essstörung erfüllt, aber – was soll ich machen? Askese ist laut vielfach verbreiteter Sponti-Meinung Käse, und ich hoffe, dass Sie mir, sollte ich irgendwann einmal einen Hang dazu entwickeln, Bescheid geben und mich aus diesem dunklen Stollen rausholen. Haben Sie erwartet, ein Buch über kochende Männer wäre dicker? Finden Sie, es sollte dicker sein? Ich sag' Ihnen was: Ich habe hier das, was es zu dem Thema zu sagen gibt, mühsam gekürzt. So bleibt Ihnen das Geschwafel erspart, mit dem meine Geschlechtsgenossen Sie sonst nerven. Sie finden, hier sei auch schon genug geschwafelt worden? Gut, gut, ich höre ja schon auf.

– Schluss –

Anmerkungen

1 Stephen Menell, Anne Murcott, Anneke Otterloo: *The Sociology of Food. Eating, Diet and Culture,* London 1992, S. 96.

2 Ludger Fischer: *Kleines Lexikon der Küchenirrtümer,* Frankfurt a. M. (Eichborn) 2009.

3 Harles/Hillebrand 2008.

4 Myhrvold 2011.

5 In der Werbebranche bleibt nichts verborgen: http://www.gujmedia.de/_content/20/98/209863/BEEF_Factsheet_2010.pdf

http://www.presseportal.de/pm/77375/1491514/gruner_jahr_beef

6 Angabe aus W&V, werben und verkaufen, 29. April 2010.

7 John Steinbeck: *Die Reise mit Charly. Auf der Suche nach Amerika,* München 2007, S. 117 f., zuerst New York 1962.

8 Daily Mail, 28. März 2008: Jamie Oliver to teach the poor how to cook ›the basics‹ in town where mums opposed his school dinners campaign.

9 »On ne naît pas femme, on le devient.« *Das andere Geschlecht* 1951, *Le Deuxième Sexe*, 1949.

10 Meuser 2007, S. 52–53.

11 Institut für Medien und Konsumentenforschung (IMUK), Gießen, hier zitiert nach *FOCUS*, 5/2011, S. 87.

12 http://www.wienerzeitung.at/nachrichten/panorama/chronik/43601_Mann-kocht.html

13 http://newsroom.electrolux.com/at/files/2010/06/Studienergebnisse-Gender-Cooking.pdf

14 Vgl. Christine Küster: »Wieviel Zeit nimmt sich der Haushalt für die Ernährung?«, in: Ulrich Oltersdorf und Thomas Preuß (Hrsg.): *Haushalte an der Schwelle zum nächsten Jahrtausend,* Frankfurt a. M./New York 1996, S. 84–105, hier S. 94–95.

15 Portmann 2003, S. 127.

16 Murcott 1993, S. 97, hier zit. n. Iwer Diedrichsen (Hrsg.): *Humanernährung. Ein interdisziplinäres Lehrbuch,* Darmstadt 1995, S. 95.

17 Schönberger 1999, S. 8.

18 Alice Schwarzer, in: Gritzmann/Scheck 2011, S. 23.

19 *Pierer's Universal-Lexikon,* Band 9. Altenburg 1860, S. 632.

20 *Pierer's Universal-Lexikon,* Band 19. Altenburg 1865, S. 13–17.

21 Eine Quelle dafür habe ich bisher nicht gefunden. Vielleicht können Sie mir behilflich sein.

22 Klink 2009, S. 56.

23 Nellinger 2000, S. 9.

24 *ORF Anthropologie*, 23. 08. 2011: »Kleinere Backenzähne durch Diätwechsel«.

25 Gritzmann/Scheck 2011, S. 42.

26 Karl Marx/Friedrich Engels: *Werke Bd. 20, Dialektik der Natur, Anteil der Arbeit an der Menschwerdung des Affen,* Berlin 1962, S. 449, http://www.mlwerke.de/me/me20/me20_444.htm

27 Ebd.

28 Anthus 2006, S. 13.

29 http://www.fleischerhandwerk.de/upload/pdf/GB08_Fleischverzehr.pdf

30 Ebd.

31 Max Rubner-Institut (Hrsg.): *Nationale Verzehrsstudie II, Ergebnisbericht,* Karlsruhe 2008, http://www.was-esse-ich.de/index.php?id=74

32 *Nationale Verzehrsstudie II, Ergebnisbericht,* Karlsruhe 2008, S. XXIII.

33 *Nationale Verzehrsstudie II, Ergebnisbericht,* Karlsruhe 2008, S. XIV.

34 Mellinger 2000, S. 133 und 144.

35 Georg Friedrich Wilhelm Hegel: *Grundlinien der Philosophie des Rechts,* Berlin 1833, Zusatz zu § 166, S. 231.

36 Hegel 1833.

37 Georg Friedrich Wilhelm Hegel: *Grundlinien der Philosophie des Rechts, Zusatz zu § 166.*

38 Nick Fiddes: *Fleisch,* 1993, S. 174, vorläufig zitiert nach Mellinger 2000, S. 139, Fußnote 203.

39 Mellinger 2000, S. 140.

40 Dietz 2011.

41 Ludger Fischer: *Küchenirrtümer,* Eichborn-Hörbuch, Frankfurt a. M. 2011.

42 E-Mail vom 21. März 2011 von Thomas Rombach an den Verfasser.

43 Bourdain 2003, S. 236.

44 http://www.hosokawamicron.nl

45 E-Mail vom 15. August 2011 an den Verfasser.

46 Aicher 1982, S. 14.

47 Aicher 1982, S. 32.

48 *BEEF!* 1/2010, hier zit. n. *Welt-Online*, 6.5.2010: »Nicht mal eine Küche für 100 000 Euro ist perfekt.«

49 http://www.schlossallee.de/kuechengeraete-in-einem-klassisch-elegant-luxurioes-wirkenden-ambiente/1197/

50 Ebd.

51 *Lexikon des internationalen Films*, CD-ROM, München 2001.

52 Frank Tashlin (Regie): *Spion in Spitzenhöschen (The Glass Bottom Boat)*, USA 1966.

53 Frank Tashlin (Regie): *Spion in Spitzenhöschen (The Glass Bottom Boat)*, USA 1966.

54 Nick Park: *Kurzfilm »Großartige Gerätschaften«*, original unter dem Titel *Wallace & Gromit's Cracking Contraptions*, besonders die Kurzfilme *The autochef* und *The turbo diner*, UK 2002.

55 http://besten.welt.de/Living/Haus-Garten-Kueche/Kuechengeraete-mit-Kultpotential/Kuechengeraete-mit-Kultpotential

56 Weber 2009, S. 268.

57 Vgl. Statistisches Bundesamt, http://www.destatis.de

58 E-Mail vom 30. Mai 2011 an den Verfasser.

59 www.grillsportverein.de

60 ww.verbrennungsmedizin.de

61 http://www.stern.de/lifestyle/lebensart/

62 http://www.grillweltmeister.de

63 Vgl. u.a. *Stuttgarter Nachrichten* vom 19. Juli 2008.

64 Gritzmann/Scheck 2011, S. 14.

65 Weber 2009, S. 91.

66 http://www.psychology48.com/deu/d/pyromanie/pyromanie.htm

67 http://www.pm-magazin.de/r/gute-frage/warum-legen-menschen-feuer. Ich weiß, das ist ein Magazin für Kinder, in dem ich dieses Freud-Zitat gefunden habe, aber deshalb muss es doch nicht falsch sein!

68 http://www.zitate-universum.de/Zitate-Liebe_7/Sex-ist-die-Reibflaeche_275.html

69 http://eur-lex.europa.eu/LexUriServ/LexUriServ.do?uri=OJ:L:2003:309:0001:0008:DE:PDF

70 Hier zit. n. http://www.annelidierks.de/pages/restaurants-amp-book-reports/hamburgs-franzosen.php

71 Fritz Kalteis: *Jäger mit Schürze – Männer und Kochen,* in: www.forumgesundheit.at

72 Casanova 1967, S. 63.

73 Casanova 1967, S. 75.

74 Moliné 2001, S. 9.

75 Ebd.

76 Moliné 2001, S. 10.

77 Moliné 2001, S. 142–143.

78 O. von Gontard, Hauptmann a. D.: *Wie soll ein weibliches Wesen sich benehmen, um einen Mann zu bezaubern?*, München 1904.

79 Schönberger 1999, S. 5.

80 Casanova 1967, S. 73.

81 Harris 1995, S. 20, hier referiert nach Mellinger 2000, S. 24.

82 Carol J. Adams: *The Sexual Politics of Meat. A Feminist-Vegetarian Critical Theory,* dt.: *Zum Verzehr bestimmt. Eine feministisch-vegetarische Theorie,* Wien/Mülheim a. d. Ruhr 2002.

83 http://www.spiegel.de/fotostrecke/fotostrecke-69541.html

84 http://www.kochmonster.de/thermaliser.html

85 http://www.man-n-kocht.de/

86 Osztovic/Hacker 2007.

87 Ebd.

88 http://www.cc-club-kochender-maenner.de/

89 Friedrich Nietzsche: *Jenseits von Gut und Böse, Siebentes Hauptstück, Unsere Tugenden, Nr. 234,* Kritische Studienausgabe, hrsg. v. Colli/Montinari, München/New York 1980, S. 172–173.

90 Wrangham 2011.

91 *Damen Conversations Lexikon,* herausgegeben im Verein mit Gelehrten und Schriftstellerinnen von C. Herloßsohn, Bd. 2, Leipzig 1834, S. 326. Auch Bd. 4, S. 429 zum Thema »Giftpilze«.

92 Klink 2009, S. 145.

93 Bourdain 2003, S. 183.

94 Bourdain 2003, S. 240.

95 Bourdain 2003, S. 71.

96 Bourdain 2003, S. 251.

97 Grimm 1857, S. 282.

98 Statistisches Bundesamt, jüngste verfügbare Zahlen aus dem Jahr 2008. Vgl. http://www.destatis.de/jetspeed/portal/cms/Sites/destatis/Internet/DE/Content/Statistiken/Binnenhandel/Gastgewerbe/Tabellen/Content50/Gaststaettengewerbe,templateId=renderPrint.psml

99 Weber 2009.

100 http://www.efsa.europa.eu/de/press/news/zoonoses110322.htm

101 Weber 2009, S. 56.

102 U.a. Bourdain 2003, S. 341–344.

103 Geäußert im Oktober 2005, hier zit. n. http://www.vol.at/news/om:vienna:lokalfuehrer/artikel/frauen-koennen-nicht-kochen/cn/vienna-news-mgrim-20 051 027–110 924

104 Gritzmann/Scheck 2011, S. 63.

105 Bourdain 2003, S. 222.

106 Walterspiel 1981, S. 48.

107 Gritzmann/Scheck 2011, S. 197.

108 Vgl. Jaffé/Riedel 2011, S. 161.

109 Vgl. u. a. Ingrid Haslinger: *Dampf stieg aus dem Topf hervor. Eine Kulturgeschichte der Suppen aus aller Welt,* Wien 2010.

110 http://www.suite101.de

111 Vgl. Markus C. Schulte von Drach: »Heiße Suppe für die Seele«, in: *Süddeutsche Zeitung*, 25. 9. 2008.

112 http://www.nudelsuppen.de/

113 Es sind 200 Liter. Die Suppe bestand anfangs aus 100 Litern, davon 98 Litern Wasser und zwei Prozent festen Bestandteilen (mit demselben Volumen wie Wasser), also zwei Kilogramm. Nach dem Regen sind das immer noch zwei Kilogramm, sie machen jetzt aber nur noch 1 Prozent des Gesamtvolumens aus.

114 http://www.suppenmuseum.de/

115 Blumhöfer/Hiltensberger 2006.

116 Maud Mundschenk: *Kochen mit Wein, Bier & Co. Die besten Rezepte,* München 2007, S. 4.

117 Vgl. Christoph Drösser: »Prozente im Essen«, in: *DIE ZEIT*, 8. 12. 2005, Nr. 50.

118 http://ec.europa.eu/health/indicators/echi/list/index_en.htm?echisub=24#echi_3

119 http://osha.europa.eu/de/sector/horeca/accident_prevention_html

120 Vgl. Ludger Fischer: *Kleines Lexikon der Küchenirrtümer,* Frankfurt 2009, S. 144–147.

121 *European Survey on Working Conditions, 2000 and 2002* (Europäische Umfrage über die Arbeitsbedingungen, 2000 und 2002).

122 *Damen Conversations Lexikon,* Bd. 6, Adorf 1836, S. 166.

123 *Damen Conversations Lexikon,* Bd. 6, Adorf 1836, S. 169.

124 Ebd.

125 Ebd.

126 Friedrich Nietzsche: *Also sprach Zarathustra, vierter Teil, Das Abendmahl,* in: Sämtliche Werke, Kritische Studienausgabe, hrsg. v. Colli/Montinari, München/New York 1980, Bd. 4, S. 354.

127 http://www.essen-und-trinken.de/kochen-freunde/freunde.html

128 http://kochenmitfreunden.de

129 http://www.scheurich.de/produkte/Rezeptheft.pdf

130 *Schlemmertopf für Feinschmecker. Ausgewählte und erprobte Rezepte vom Fernsehkoch Hans Adam,* Rothenburg ob der Tauber, Bielefeld 1971 [zuerst 1964], S. 8.

131 Quelle ist leider die nicht immer sehr wissenschaftlich fundierte *Apotheken-Umschau,* hier zit. n. Gunther Hirschfelder: *Europäische Esskultur. Geschichte der Ernährung von der Steinzeit bis heute,* Frankfurt a. M. 2001, S. 9.

132 Tolksdorf, zit. n. Hirschfelder 2001, S. 20.

133 *Meyers Handarbeits- und Hauswirtschaftshefte,* Zürich 1961.

134 Ebd., S. 4.

135 Vgl. Ludger Fischer: *Kleines Lexikon der Küchenirrtümer,* Frankfurt a. M. 2009, S. 164.

136 Steiner 1981, S. 7.

137 Steiner 1981, S. 18.

138 Steiner 1981, S. 20.

139 Steiner 1981, S. 26.

140 Steiner 1981, S. 26–27.

141 Steiner 1981, S. 27.

142 Steiner 1981, S. 28.

143 Steiner 1981, S. 29.

144 Harald Schmidt: »Kochen mit Harald«, in: *Warum und Wohin? Gesammelte Notizen aus dem beschädigten Leben,* Berlin 2004, S. 131–132.

145 z. B. http://maenner-kochen.blogspot.com

146 Portmann 2003, S. 127.

147 Krötz 1960.

148 Winkler 2010.

149 Gray 1992, S. 166.

150 Isambert/Redaut 2010.

151 Richtlinie 2001/113/EG des Rates vom 20. Dezember 2001 über Konfitüren, Gelees, Marmeladen und Maronenkrem für die menschliche Ernährung.

152 Klink 2009, S. 179.

153 Verordnung (EG) NR. 1221/2008 der Kommission vom 5. Dezember 2008 zur Änderung der Verordnung (EG) Nr. 1580/2007 mit Durchführungsbestimmungen zu den Verordnungen (EG) Nr. 2200/96, (EG) Nr. 2201/96 und (EG) Nr. 1182/2007 des Rates im Sektor Obst und Gemüse hinsichtlich der Vermarktungsnormen.

154 Verordnung (EU) Nr. 1169/2011 des Europäischen Parlaments und des Rates vom 25. Oktober 2011 betreffend die Information der Verbraucher über Lebensmittel.

Register